LE
QUADRILLE
DES ENFANS.

CINQUIEME ÉDITION.

AVIS.

SI malgré l'Inſtruction & les Avertiſſemens que l'on a inſérés dans cette Méthode, quelques Perſonnes ſe trouvoient encore arrêtées par des difficultés qui n'auroient pas été prévues, elles pourront conſulter de vive voix, ou par écrit, le Directeur *de la Penſion Académique du Faux-bourg Saint-Honoré*, N°. 42, ou l'Éditeur, *rue Montmartre, près celle Plâtriere, Maiſon de M. Caſtellan, à Paris.* Ils ſe feront un plaiſir de donner tous les éclairciſſemens qu'on déſirera. Ceux qui leur feront l'honneur de leur écrire, ſont priés d'affranchir leurs Lettres.

On pourra auſſi s'adreſſer auxdits Directeur ou Éditeur, pour avoir un Maître en état d'enſeigner à lire par cette Méthode.

LE QUADRILLE DES ENFANS,

PAR FEU M. BERTHAUD,

Avec lequel, par le moyen de quatre-vingt-quatre Figures, & sans épeler, ils peuvent, à l'âge de quatre ou cinq ans, & au-dessous, être mis en état de lire à l'ouverture de toutes sortes de livres, en trois ou quatre mois, même plutôt, selon leurs dispositions.

DÉDIÉ

Aux Enfans de S. A. S. Monseigneur le Duc de Chartres.

NOUVELLE ÉDITION,

Refondue, abrégée & perfectionnée à leur usage; avec une Instruction sur la maniere de se servir des Fiches & du Livre.

PAR M. ALEXANDRE,

Professeur Émérite, & Pensionné de l'École Royale Militaire.

Segniùs irritant animos demissa per aurem,
Quàm quæ sunt oculis subjecta fidelibus.
HORACE, Art Poëtique.

A PARIS,
De l'Imprimerie de COUTURIER.
Et se vend chez la veuve BERTHAUD, à la Pension Académique du Fauxbourg Saint-Honoré, n°. 42.

M. DCC. LXXXIII.

Avec Approbation & Privilege du Roi.

AUX ENFANS

DE

SON ALTESSE SÉRÉNISSIME

MONSEIGNEUR

LE DUC DE CHARTRES.

MESSEIGNEURS ET MADEMOISELLE,

LA Nature, en vous enrichissant de ses dons les plus rares, n'a confié la perfection de son ouvrage qu'aux mains de la Sagesse & des Talens. Elle a voulu que vous fussiez redevables à ceux-mêmes dont vous tenez le jour, d'un bien plus précieux que la naiſſance, l'Éducation. Puiſſent-ils, dans le cours glorieux d'une longue vie, recueillir le fruit de leurs tendres ſoins. Puiſſe une carriere ſi heureuſement commencée, retracer à chaque pas l'image de vos vertus naiſſantes.

VOUS avez juſtifié ſans peine, dans toute leur étendue, les ſuccès & les avantages que j'ai annoncés, en propoſant cette Méthode adoptée pour votre uſage. Pour lui donner la plus grande authenticité, il ne falloit plus, de votre part, que permettre que cette nouvelle Édition vous fût conſacrée. Qu'il eſt glorieux pour moi, après avoir contribué en quelque choſe à votre premiere éducation, d'apprendre au public quel ſuffrage j'ai mérité ! Heureux, dans l'hommage légitime que j'ai l'honneur de rendre aujourd'hui à VOS ALTESSES SÉRÉNISSIMES, d'offrir aux jeunes perſonnes & aux parents, l'exemple le plus digne de leur émulation.

Je ſuis avec reſpect,

MESSEIGNEURS ET MADEMOISELLE,

DE VOS ALTESSES SÉRÉNISSIMES,

Le très-humble & très-obéiſſant Serviteur,

ALEXANDRE.

AVERTISSEMENT

PRÉLIMINAIRE,

A la ſuite duquel on trouvera une Inſtruction ſur la maniere de ſe ſervir des Fiches & du Livre.

CETTE Méthode, dont l'invention eſt due aux recherches de M. Berthaud, & qui parut pour la premiere fois en 1744, avec un ſuccès prodigieux, étoit tombée dans une ſorte d'oubli par la mort de l'Auteur. En 1777, M. Alexandre, aſſuré de toute ſon utilité, eut l'honneur de la propoſer à S. A. S. Monſeigneur le Duc de Chartres, & elle fut adoptée par ce Prince, qui daigna faire choix de cet Éditeur, pour l'enſeignement de la lecture auprès des jeunes Princes & Princeſſes, ſes Enfans. Comme il n'exiſtoit plus alors d'exemplaires de cet Ouvrage, il fut réimprimé pour leur uſage, mais avec tant de précipitation, qu'il s'y étoit gliſſé des fautes & des tranſpoſitions qui pouvoient en rendre la pratique difficile. M. Alexandre, qui en connoît parfaitement l'eſprit & le plan, s'eſt chargé de travailler à l'édition que l'on donne aujourd'hui au public, & d'en ſuivre l'exécution, au nom de Madame la veuve Berthaud, qui en conſerve le privilege, & qui a continué de tenir avec diſtinction la Penſion Académique établie depuis nombre d'années rue & fauxbourg Saint-Honoré, n°. 42.

Cette nouvelle édition, que l'on a refondue entiérement, pour la rendre encore plus abrégée, plus méthodique & plus correcte que la précédente, offre, dans le Livre même, une Inſtruction préliminaire & ſucceſſive, d'après une longue expérience, ſur la maniere de ſe ſervir des Fiches & du

Livre, enforte que cet Ouvrage a acquis un dégré de perfection tel qu'on est persuadé qu'il ne laissera rien à desirer. Le Livre seul pourra suffire à ceux qui ne voudront pas faire la dépense des Fiches; mais les Enfans y perdront du côté de l'amusement qu'il faut faire entrer, autant qu'il est possible, dans toutes les parties de l'enseignement.

Les succès aussi faciles que rapides, obtenus journellement par cette Méthode, & le suffrage des personnes de la plus grande distinction qui l'ont adoptée, suffisent pour prouver combien elle a d'avantages sur tous les autres systêmes anciens ou modernes. Ces avantages sont si précieux & si certains, que l'on doit avancer, sans craindre d'être contredit, que tout Enfant de quatre (1) à cinq ans, & même au-dessous (2), peut apprendre à lire en moins de trois mois, s'il est bien montré, & sur-tout s'il est docile.

Qu'il soit permis de dire ici que malheureusement cette disposition, la docilité, si essentielle pour les progrès, ne se rencontre pas dans tous les sujets, parce que trop ordi-

(1) On pourroit, à commencer depuis 1778, présenter ici une liste considérable d'Enfans de l'âge de trois ans & demi, de quatre & de cinq, qui ont fait des progrès étonnants; mais on se bornera à en citer, y étant dûment autorisé, quelques-uns de chaque classe.

Mademoiselle de Chartres, qui est dans celle des Enfans de cinq ans, a commencé à lire couramment au bout de quinze leçons.

Il n'a fallu au fils de M. le Marquis du Crest, que deux mois & demi pour être en état de se passer du Maître.

Mademoiselle Sanlot l'aînée, &c. &c.

(2) Parmi ceux au-dessous de quatre ans, qui ont su lire en moins de trois mois, on distingue entr'autres Monseigneur le Duc de Montpensier.

Le fils de M. le Marquis de Rougé n'a eu besoin que de quarante-huit leçons pour lire parfaitement.

Mademoiselle des Salles, fille de Madame la Comtesse des Salles.

Mademoiselle Sanlot la jeune, &c. &c. &c.

D'autres de sept à huit ans, à qui on n'avoit pu apprendre à lire par l'épellation, ont réussi parfaitement par cette Méthode, & en très-peu de temps; il s'en est trouvé auxquels il n'a fallu que trente-six leçons.

nairement, loin de s'étudier à réprimer leur caractere, en les accoutumant de bonne heure à une subordination douce, raisonnable & soutenue, on a la foiblesse de céder à toutes leurs fantaisies, sans en prévoir les fâcheuses conséquences. Il en est une entr'autres bien propre à alarmer, & qui devroit faire naître enfin quelques réflexions sérieuses sur les moyens de la prévenir : c'est celle de devenir tôt ou tard injuste à l'égard des Enfans; car lorsqu'ils sont parvenus à l'âge où il faut commencer à les instruire, on est souvent forcé de les punir pour essayer de les corriger des défauts dont les personnes aux soins desquelles ils sont confiés, leur ont laissé contracter l'habitude. Former par degré, & pour ainsi dire dès le berceau, le caractere des Enfans, c'est le vrai moyen de leur épargner bien des chagrins, & conséquemment de leur préparer, ainsi qu'à tous ceux qui les environnent, des jours calmes & heureux. Mais revenons à notre sujet, dont nous a écarté cette petite digression à laquelle on a été amené naturellement, non pas comme Critique, mais comme Observateur à portée depuis long-temps de voir & de comparer la maniere dont on éleve les Enfans.

Comme cette Méthode parle aux yeux & aux oreilles, (langage qu'il faut toujours employer avec les Enfans) il en résulte non-seulement beaucoup plus de facilités pour eux, mais ce qui est d'un prix inestimable, une économie réelle de temps, puisqu'au bout de trois ou quatre mois, on peut les occuper des autres objets qui entrent dans le plan de leur éducation, dont les progrès sont ordinairement retardés par des années employées uniquement à apprendre à lire. Ce retard n'est pas le seul mal qui dérive nécessairement des difficultés qu'ils rencontrent dans ces premiers élémens; elles font naître l'ennui & le dégoût, qui dégénerent en une aversion invincible pour les livres. Cette aversion se perpétue & se fortifie d'autant plus, qu'elle a pris racine dans un âge susceptible de toutes sortes d'impressions; & de-là une nullité presqu'absolue dans l'éducation.

Pour faire concevoir combien la Méthode commune trompe les ſens de l'Enfant & ſurcharge ſa mémoire, on ſe bornera à trois exemples : *eau*, *oient*, terminaiſon de la troiſieme perſonne du pluriel de l'imparfait, & *ph*. Le premier préſente trois lettres, qui ont trois ſons différents, *e*, *a*, *u*, dont il faut que l'Enfant forme un quatrieme, celui de l'*o*, dont ſon oreille n'a point été frappée, & qu'il n'a pas vu dans *eau*.

Le ſecond exemple *oient*, offre cinq lettres, qui ſonnent bien différemment. Il faut cependant qu'il retienne, toujours contre ce qu'il voit & ce qu'il entend, que *o*, *i*, *e*, *n*, *t*, font *ai*. A quels efforts de mémoire n'oblige pas une ſemblable opération ? Combien ne faut-il pas inſiſter ſur ces deux lettres *ph*, pour que l'Enfant ſe ſouvienne qu'elles ſe prononcent *f* ?

En réfléchiſſant avec un peu d'attention ſur les difficultés attachées à l'épellation, on ne ſera plus ſurpris, non-ſeulement de tous les inconvéniens qui en dérivent, tels que l'ennui pour les Enfans, le chagrin, les pleurs, le dégoût, une perte conſidérable de temps, & pour les Parents & les Maîtres, une peine ſouvent infructueuſe ; mais encore de trouver des perſonnes qui n'ont jamais pu apprendre à lire. Enfin, ces difficultés ſont ſi grandes, que l'on peut dire avec M. Duclos : *Quiconque ſait lire, ſait le plus difficile de tous les Arts.*

Expoſé de l'eſprit de ce Syſtême de Lecture.

Le Quadrille ayant pour but d'amener, par des opérations ſimples & faciles, à la connoîſſance détaillée de tous les ſons de la langue, exprimés par une ou pluſieurs lettres, il a fallu, après avoir démêlé ceux qui ſont fondamentaux & comme la clef de la lecture, trouver un moyen ſûr & aiſé de peindre ces ſons, afin de les graver dans la mémoire de l'Enfant d'une maniere claire & diſtincte. C'eſt ce que M. Berthaud eſt venu à bout d'exécuter heureuſement, par

des

des Figures qui représentent des objets connus & familiers, mais dont le nombre, par une nouvelle combinaison, se trouve, dans cette édition, réduit à quatre-vingt-quatre. Ces Figures, & les sons qui y répondent, frappant leur vue, les occupent, fixent leur imagination volage, & les appliquent sans qu'ils s'en apperçoivent & sans qu'il leur en coûte. Les Fiches de différentes couleurs sur lesquelles sont collés, d'un côté la Figure, & de l'autre le son qui y a rapport, deviennent entre les mains de l'Éleve, des joujoux instructifs; il les range selon leur couleur, dont la variété l'amuse; le loup, le chien, le mouton, deviennent ses camarades de jeu; il converse avec eux; tous ces personnages l'instruisent sans qu'il s'en doute, & si bien, qu'il apprend à lire en très-peu de temps.

Cet exposé ayant paru suffisant pour donner une idée de ce Systême de Lecture, on se contentera de rappeller ici le jugement que M. l'Abbé Desfontaines en a porté. Ce fameux Critique, après en avoir fait en 1744, une épreuve sur un Enfant présenté par lui-même à l'Auteur, le jugea si avantageux pour l'éducation, & même pour le progrès des sciences (ce sont ses termes) que dans le compte qu'il en a rendu dans ses Observations sur les Écrits modernes, tome 32, Lettre 469, il l'appelle *la Pierre Philosophale.* MM. de Crébillon & de Marivaux, anciens membres de l'Académie Françoise, ont donné dans le temps leur certificat, en forme d'approbation, d'une autre épreuve faite sous leurs yeux, sur deux Ramoneurs, qui au bout d'un mois, moyennant deux leçons par jour, ont été en état de lire à l'ouverture du premier livre.

On doit, avant de finir, rassûrer ceux qui, soit par l'effet d'une prévention dans laquelle ils veulent bien rester, soit par un défaut d'examen de cette Méthode, la soupçonnent encore susceptible d'inconvénient par rapport à l'orthographe, parce que l'épellation y est rejettée. Pour cela on les invitera à consulter des peres & meres montrés par cette Méthode, quand ils étoient enfans, & qui en ont fait, ou font aujourd'hui usage pour les leurs; ils obtiendront par-là des preuves sans nombre & plus convaincantes que tous les raisonnemens que l'on pourroit faire, pour les persuader de leur erreur à cet égard. D'ailleurs, les Enfans que l'on fait épeller, ceux-mêmes qui apprennent par le Bureau Typographique, sont-ils en état, quand ils savent lire, d'orthographier? Ils y parviennent à peine dans un âge plus avancé. Pour écrire correctement, il faut des principes & de l'usage: l'un ne s'acquiert que par le temps, & l'autre par une étude qui est bien au-dessus des forces de l'enfance. Or, s'il est constant que cette Méthode conduit à l'orthographe, au moins aussi sûrement que les autres, mais qu'elle a, par-dessus toutes, l'avantage non équivoque de réduire à trois ou quatre mois plusieurs années uniquement employées à des leçons de lecture; de faire un jeu d'une étude rebutante par elle-même, & d'en inspirer le goût aux Enfans; enfin, si par son moyen on réussit avec ceux auxquels on désespéroit de pouvoir apprendre à lire par l'épellation, le public éclairé jugera quelle est celle qui doit mériter la préférence.

Nota. L'Editeur s'est attaché à traiter toutes les parties de cet Ouvrage sur-tout d'une maniere méthodique pour mettre le Maître & l'Éleve sur la voie des succès. Il desire d'y avoir réussi au gré de ceux qui en feront usage, & il sera amplement dédommagé de son travail.

Quand le Lecteur se sera pénétré de l'esprit de cette Méthode, & qu'il en connoîtra le plan, il sera en état de juger qu'il n'étoit guere possible d'employer un autre langage, pour rendre sensible & utile l'Instruction ci-après, de même que les différents avis qui y sont analogues.

INSTRUCTION

Sur la maniere de se servir des Fiches & du Livre où les Opérations sont divisées en douze Leçons seulement, les sons dont la lettre initiale est majuscule, & ceux qui sont en gros caracteres n'étant que la répétition de tous les Sons précédents.

1°. On commencera par les Fiches de la premiere Planche, dont on fera connoître les Figures à l'Enfant. Quand elles lui seront familieres, on exposera sous ses yeux, sur une table, les cinq premieres, selon l'ordre, si l'on veut, dans lequel elles sont dans le Livre, & on lui fera d'abord donner à chaque son le nom de la figure qui est au revers de chaque Fiche. Par exemple, en lui montrant *une*, on lui fera dire la *lune*; en lui faisant voir *i*, on lui fera appeller cette lettre un *lit*; *a* se nommera un *chat*; *u* un *bossu*; *emme* une *femme*; ainsi du reste, sans avoir égard aux autres sons, non plus qu'à ceux en gros caracteres, qui sont au bas des Fiches, & sur lesquelles il sera temps d'exercer l'Enfant quand il saura la quatrieme Planche, afin de ne pas trop le surcharger, & d'éviter la confusion dans ses idées.

A mesure que l'Enfant, en voyant un son, l'appellera du nom de la Figure qui y a rapport, comme s'il voyoit la Figure elle-même, on aura grand soin de lui abandonner la Fiche, en lui disant qu'il l'a gagnée, pour piquer son émulation, & lui faire un jeu de ce petit exercice.

2°. En supposant qu'il nomme toutes les Figures de la

premiere * Planche, à la seule inspection des sons ou syllabes qui s'y rapportent, on lui fera dire sur ces mêmes sons la *lune une*, un *lit i*, un *chat a*, un *bossu u*, une *femme emme*, une *pipe ip*, une *chaise aise*, &c.

3°. Quand son oreille sera bien accoutumée à ces sons ou échos, on lui fera dire tout bas la *lune*, & tout haut *une*; un *lit* tout bas, & *i* tout haut; une *femme* tout bas, & *emme* tout haut; & de même pour tous les autres sons de cette premiere Planche que l'on n'abandonnera pas, que l'Enfant ne soit en état, en pensant seulement à la Figure, de les articuler promptement au premier coup d'œil, dans tel ordre qu'on les lui présente.

S'il arrivoit qu'il hésitât sur quelques-uns, on se gardera bien de lui nommer les lettres qui entrent dans leur composition, puisqu'il n'est pas nécessaire qu'il les connoîsse pour lire; mais on le rappellera à la Figure, en lui disant, *pensez à la Figure*, & s'il n'en venoit pas à bout, alors on la lui montreroit.

4°. Lorsqu'on sera assûré que l'Enfant possede parfaitement tous les sons de la premiere Planche, on prendra les Fiches de la seconde, en faisant exactement pour celle-ci tout ce qu'on aura fait pour la précédente, sur laquelle on l'exercera toujours.

5°. Ces deux Planches étant bien sues, on passera à la troisieme **, qui est celle des consonnes, en suivant le

* Il y a dans cette premiere Planche une lettre que l'on nomme vulgairement *é*, & que nous appellons *e* désigné par la *Roue*. On ne fera pas dire une *roue oue*, mais une *rou e*, ce dernier son rendant celui de l'*é* muet.

** Le son *ill*, représenté par les *feuilles*, & qui est au nombre des consonnes, sert à la prononciation de l'*l* mouillée, comme dans *vaillant*; & quand elle n'est pas mouillée, elle se prononce ordinairement comme si elle étoit simple; exemple: *ville*, *pupille*.

même procédé que pour l'étude des deux autres, cependant en faisant dire à l'Enfant, non pas une *cave ave*, une *tête*, *ête*, une *poule oule*, &c. mais une *ca ve*, une *tê te*, une *pou le*, &c. de maniere à l'amener à ne plus prononcer que *ve*, *te*, *le*, *fe*, *che*, &c. en pensant seulement aux Figures dont ces consonnes sont l'écho.

La même marche doit être observée par ceux qui voudront ne faire usage que du Livre, c'est-à-dire, que l'on commencera par les cinq premiers sons de la premiere Planche, que l'on fera appeller du nom des Figures qui y répondent, en s'y prenant de la maniere indiquée plus haut. Quand l'Enfant connoîtra ces cinq premiers sons, en lui cachant les Figures qui sont à côté, on ira à la seconde ligne; de celle-ci à la troisieme, & finalement à la quatrieme, &c.

6°. Si l'Éleve, en lui présentant indistinctement toutes les Fiches des trois Planches mêlées ensemble, en nomme, sans se tromper, tous les sons ou syllabes, on lui mettra le Livre entre les mains, dans lequel on lui fera répéter les mêmes sons, en les comparant avec ceux qui sont sur les Fiches, dans le cas où il hésiteroit: & quand rien ne l'arrêtera plus, on entreprendra la Table des syllabes, qui commence par *chune*, *chi*, *cha*, *chu*, &c.

7°. Pour préparer l'Enfant à cette opération, on séparera avec le bout d'une Fiche, ou avec une grosse épingle, la consonne de l'autre son qui y est joint; par exemple: *ch* de *une*, *v* de *emme*, &c. afin qu'il voye que l'un & l'autre sont les mêmes qu'étant divisés; & lorsqu'on sera sûr qu'il les reconnoît parfaitement tous dans le premier article de cette Table, on le fera syllaber, en lui disant: *ch* ou la *mouche*, avec *une* ou la *lune*, fait *chune*; *ch* avec *i* ou le *lit*, fait *chi*, &c. pour l'amener à dire *chune*, *chi*, *cha*, *chu*, *chemme*, &c, en prolongeant un peu le son *ch*, pour en faire ſentir la valeur. De ce premier article on paſſera ſucceſſivement aux autres.

8°. Après que l'Éleve aura parcouru la Table des ſyllabes un nombre de fois ſuffiſant pour qu'il puiſſe la lire tantôt dans un endroit, tantôt dans un autre, on lui fera voir les doubles conſonnes *, toujours ſous la dénomination de la Figure qui en exprime le ſon, en lui obſervant qu'elles ſont les mêmes qu'étant ſimples, & de ſuite on ira au changement des premieres lettres, & à celui des premieres & ſecondes lettres ou ſons.

Cette opération coûtera à l'Enfant un peu d'application; mais on ne ſauroit trop l'exercer ſur ces changemens, parce que de là dépend la facilité de lire les mots diviſés par ſyllabes qui ſont à la ſuite; & quand il y ſera parvenu, le ſuccès pour tout le reſte eſt aſſûré.

9°. Si les Enfans, dans le cours des répétitions, & de la lecture des mots coupés par ſyllabes, ou dans une lecture quelconque, ſe trompent, on aura grand ſoin de les rappeller toujours à la Figure, comme il a déja été dit plus haut, en les arrêtant ſur la ſyllabe, ou la lettre, à laquelle ils donneroient un ſon faux, afin qu'ils ſe reprennent d'eux-mêmes: & on aura le plaiſir de voir qu'ils y réuſſiront aiſément, ſans autre ſecours de la part du Maître qui, par ce moyen, peut donner ſes leçons, pour ainſi dire, à la muette. C'eſt encore un très-grand avantage de cette Méthode, confirmé par une longue expérience.

Quant aux autres objets qui peuvent faire la matiere

* Ces doubles conſonnes ſont en tête des différents articles de la Table des ſyllabes; ainſi l'Enfant y ſera déja préparé, de même que ſur les conſonnes en gros caracteres qu'on lui fera dire avec les autres.

d'une leçon nouvelle, on consultera les différents Avertissemens qui se trouvent dans le Livre, par-tout où on les a cru nécessaires pour en faciliter la pratique & l'étude.

Observation générale.

On recommande de faire lire les Enfans réguliérement une fois au moins tous les jours; de commencer chaque séance par une répétition générale de ce qu'ils auront vu précédemment, de maniere qu'elle se termine par un exercice sur la leçon nouvelle à laquelle on estimera qu'ils peuvent passer. L'ordre numérique 1, 2, 3, 4, 5, 6, 7, 8, 9 établira plus sensiblement celui dans lequel cette répétition doit s'exécuter. Par exemple, 1. 1, 2. 1, 2, 3. 1, 2, 3, 4. 1, 2, 3, 4, 5. 1, 2, 3, 4, 5, 6. 1, 2, 3, 4, 5, 6, 7. &c.

On ne s'écartera pas de cette marche, jusqu'à ce que l'Éleve ait parcouru deux ou trois fois le Conte, parce que les succès dépendent absolument de la connoîssance certaine des sons.

Enfin, on jugera par l'habileté de l'Enfant, de la rapidité avec laquelle il faudra qu'une leçon succede à une autre; mais on aura soin, afin d'éviter l'ennui, de ne le laisser sur la même, que le temps nécessaire pour qu'on puisse présumer que, moyennant les répétitions, il la saura parfaitement.

Cette Instruction & le précis que l'on a donné de l'esprit de ce systême de lecture, doivent faire juger que la connoîssance des lettres ne peut qu'empêcher, ou au moins retarder les progrès, en portant les Enfans à décomposer les sons ou syllabes, & que la dénomination *bé*, *cé*, *dé*, *efe*, &c. doit avoir le même inconvénient.

Ceux qui voudront faire usage de cette Méthode, ne

montreront donc point l'alphabet à leurs Enfans. Quand ils liront dans le François & dans le Latin assez parfaitement pour être mis à l'écriture, il sera temps de donner à chaque caractere ou lettre, la dénomination ordinaire *bé*, *cé*, *dé*, &c. si l'on veut; mais il seroit beaucoup mieux de conserver celle adoptée ici, en faisant dire *be*, *ce*, *de*, *fe*, *ge*, &c.

LETTRE entr'autres adressées à M. Alexandre, que plusieurs personnes, qui prennent intérêt à cette Méthode, ont désiré que cet Editeur rendît publique.

Ce 7 Juillet 1783.

VOUS êtes bien le maître, Monsieur, d'insérer le nom de mon fils dans la liste des Enfans qui ont appris avec un grand succès par votre méthode. Alexis a commencé un mois avant d'avoir quatre ans, & il a su lire parfaitement en cinquante-deux Leçons, dont vous en avez passé à-peu-près quatre à jouer avec lui, pour l'accoutumer à vous.

Je serois enchantée, Monsieur, d'avoir une occasion plus importante que celle-ci de vous donner une preuve de ma satisfaction.

Je suis très-parfaitement, Monsieur, votre très-humble & très-obéissante servante,

MORTEMART, Marquise de ROUGÉ.

PREMIERE

PREMIERE LEÇON.

Voyez les n°. 1, 2 & 3 de l'Instruction.

EXPLICATION DES FIGURES

DE LA PREMIERE PLANCHE.

la lune. . . . une	*une pipe* . . . . ip	*une carafe* . . . af	*un dez* . . . . . . é
un lit i	*une chaise* . . aise	*une cage* . . . age	*une roue* . . . . . e
un chat . . . . a	*le Soleil* . . . . eil	*un verre* . . . . . er	*un balai* . . . . . ai
un bossu . . u	*un serpent* . . en	*une glace* . . . ace	*une fleur* . . . eur
une femm. emme	*un fauteuil.* euil	*des os* . . . . . . o	*des raves* . . . av

Sons finals qui répondent aux figures de la Iere Planche.

une	i	a	u	emme
ip	aise	eil	en	euil
af	age	er	ace	o
é	e	ai	eur	av

Premiere répétition des sons précédents.

i	u	ip	eil	euil
age	ace	é	ai	av
une	a	emme	aise	en
af	er	o	e	eur

Seconde répétition.

av	eur	ai	e	é
o	ace	u	age	af
euil	en	eil	aiſe	ip
emme	a	er	i	une.

Troiſieme répétition.

é	af	ip	une	e
age	aiſe	i	ai	er
eil	a	eur	ace	en
u	av	o	euil	emme

SECONDE LEÇON.

Voyez le n°. 4 & les précédents de l'Instruction.

EXPLICATION DES FIGURES
DE LA SECONDE PLANCHE.

un raisin .... in	*un poing* ... oin	*un mouton* .... on	*une bague* .. ag
une robe .... ob	*des yeux* ... yeu	*une abeſſe* ..... eſ	*un bec* .... ec
de la ſalade .. ad	*un loup* ..... ou	*une chienne* .. enne	*un étui* .... ui
un autel ..... el	*un enfant* ... an	*un boiteux* .... eu	*un chien* .. ien
un roi ...... oi	*un fouet* ... ouet	*une fourchette*. ette	*un* .... un

Sons finals qui répondent aux figures de la IIe Planche.

in	ob	ad	el	oi
oin	yeu	ou	an	ouet
on	eſ	enne	eu	ette
ag	ec	ui	ien	un

Premiere répétition des ſons précédents.

ag	ui	un	ec	ien
eſ	eu	on	enne	ette
oin	ou	ouet	yeu	an
ob	el	in	ad	oi

Seconde répétition.

eſ ui oin eu un
ob ou on ec el
ouet enne ien in yeu
ette ad an oi ag.

Sons des premiere & ſeconde Planches mêlés enſemble.

Premiere répétition.

un in i ob a ad u el emme oi
ip oin aiſe en eil on yeu an e ouet
af ou age eſ er enne ace eu o ette
é ag euil ec ai ui eur ien av une.

Seconde répétition.

é af ip une ag on oin in eſ age
aiſe i ec e en ob ai er eil a
ui enne ou ad eur ace yeu u ien eu
an euil av o el emme un ette ouet oi.

TROISIEME LEÇON.

Voyez les n°. 5 & 6 de l'Instruction.

EXPLICATION DES FIGURES DE LA TROISIEME PLANCHE.

une cave v	*un âne* ...... n	*une perruque* . qu	*du sucre* ..... cr
une tête ...... t	*une jambe* ... b	*des feuilles* .. ill	*une corde* .... d
une poule l	*une bourse* .... ſ	*des cerises* .... z	*un peigne* ... gn
des griffes ... f	*une poire* ..... r	*une lampe* ..... p	*des épingles* . gl
une mouche .. ch	*une plume* ... m	*une orange* ... j	*un masque* .. ſqu
une langue .. gu	*un négre* .... gr	*une boucle* ... cl	*des pantoufles*. fl

Consonnes qui répondent aux figures de la IIIe Planche.

v	t	l	f	ch	gu
n	b	ſ	r	m	gr
qu	ill	z	p	j	cl
cr	d	gn	gl	ſqu	fl

Premiere répétition des consonnes Précédentes.

v	n	qu	cr	t	b
ill	d	l	ſ	z	gn
f	r	p	gl	ch	m
j	ſqu	gu	gr	cl	fl

Seconde répétition.

gu	gr	ill	fl	ch	m
j	ſqu	f	r	p	gl
l	ſ	z	gn	t	b
cl	d	v	n	qu	cr

Sons des trois premieres Planches mêlés enſemble.

oi	eu	a	fl	age	ouet	ien	m	eil	eſ
gn	ette	u	er	b	in	f	cl	yeu	ai
oin	ch	un	ace	z	ob	t	on	emme	gr
eur	gl	en	ag	el	ſ	ad	e	cr	une
gu	o	ou	p	ec	l	ip	qu	av	ſqu
enne	r	i	af	d	euil	n	an	j	ui
aiſe	v	é	ill.						

QUATRIEME LEÇON.

Voyez le n°. 7 de l'Instruction & le n°. 8 avec sa note.

TABLE DES SYLLABES,

Où se trouvent répétés tous les sons des trois premieres Planches.

ch che CH

chune chi cha chu chemme chip chaise
cheil chen cheuil chaf chage cher
chace cho ché che chai cheur chav
chin chob chad chel choi choin chyeu
chou chan chouet chon chef chenne
cheu chette chag chec chui chien chun.

v w ve V

vec vav vip vad vai vo vob vune
vun venne vouet veuil vace vé vette
vi ve veu vin vag von vef van veur
ver va ven vel vaf vaise vu vien voin
vyeu vou voi vage veil vemme vui.

t tt te T

té tad tette teil tav ter tel teuil tou tin tef to te tag tune tu tip ten taf tace toi tui tan tob tenne toin tai ti temme taife tec tage ta teur tyeu touet ton teu tun tien.

l ll le L

lag lai lun lo lenne lon lin lan lyeu leuil loi la ler laf lec leil lip lemme lad lune lien le loin leu lef lob louet lou lui leur lel lace lage lav len laife lette lu li lé.

f ff fe F

fé fi fu fette faife fen fec faf fer fa foi feuil fyeu fan fin fon fenne fo fun fai fag fune fad femme fip feil fav fage face fel feur fui fou fob fouet fef feu foin fe fien.

gu gue GU

guon gua guec gué guun gueſ guou guel
guav guette guune gue guenne guan
guoi guaf guip gui guai gueu guouet
gueur guage guaiſe guad guien guo
guin gueuil gueil guer guu guag guoin
guob guui guace guen guemme guyeu.

n nn ne N

nien neu neur nouet nage naiſe ni
noin nob nui nace nen nu nag no
nin neuil ner neil nad nun non nyeu
na nec nemme nai nenne naf noi nan
nip nune ne neſ nou nel nav nette né.

b bb be B

bé bai beſ benne bien ban bec bel
bag bad bace baiſe bui bip beuil beur
bette boin boi bo bun byeu ba bou
bemme bu be beu beil ben bi bune
ber bage bob baf bin bav bouet bon.

ſ ſſ ſe S

ſan ſoin ſob ſui ſace ſen ſemme ſien ſo ſin ſeuil ſer ſeil ſu ſai ſeu ſouet ſeur ſage ſaiſe ſad ſenne ſe ſag ſoi ſaf ſip ſi ſun ſeſ ſou ſel ſé ſav ſette ſune ſon ſyeu ſa ſec.

r rr re R

remme ren race rui rob roin ron ru reil rer rin reuil ro rag rien reu rouet reur rage raiſe rad ri rip raf ran renne rai re reſ rou rel rav rette rune ré rec ra ryeu run roi.

m mm me M

men mu mad memme meil mace mui mer maiſe mi mip mage meuil mob moin min meur maf mette mune mé mav moi mouet mo mag meu man mel mec ma mou menne mien meſ myeu mai mon mun me.

gr gre GR

grune greil grace grob gran grette gri gro gren grad grouet grag gra gré grel greuil gru gre groi gron grec gremme graf groin grai gref grui greur grip grage grav grenne gryeu grien graiſe grer grin grou greu grun.

qu que QU

quien quoin quai quo quob que quag queu quin quun quenne qui quouet qué quace queuil quef quan queur quer quen quou quoi quage queil quemme quyeu quel quaf quaiſe qua quav quip quad quec quette quui quon quune quu.

z ze Z

zec zune zyeu zav zou ze zenne zoi zip zad zage zouet zien zo zeuil zeil zon zob zace zemme zun za zé zette zel zef zai zan zaf zi zaiſe zeur zeu zag zin zer zu zoin zen zui.

ill ille ILL

illon illo illouet illoi illav illoin illin illeur illaf illette illob illeuil illage illip illune illui iller illaiſe illi illace illeil illad illen illag illeu illel ille illec illu illan illemme illien illou illenne illa illeſ illyeu illai illun illé.

p pp pe P

pun pai peſ penne pa pel peu po pé poi pette peur poin peuil pip paiſe pui peil pad pen pe pon pyeu pou pien pec pan pag pouet pav pune paf pin pob page pi per pace pemme pu.

j je J

jun je jai jien jag jon jeſ jenne jeu jo join jyeu jou jan jouet jin job ja jel joi jeur jeuil jui jec jav jaf jage jer jace jette jip jaiſe jeil jen jé june ji jad ju jemme.

cl cle CL

clon clé clag clenne clien clu clun clune clai clad cle cli clyeu clo cleil clef clec clette cleu claiſe clemme clip cla clouet clage clou clav clan claf clui cloi clin cler clob clace cleuil clel cleur cloin clen.

cr cre CR

cren crui croin cru crer crin crien craiſe creur creu cri craf cran cre crette crel cref cré cra cron cremme crace crob crag creil creuil cro crad crage crouet crai crip croi crenne crune crav crou crun crec cryeu.

d dd de D

du di dé deil dip dace dage dav dui deur del dob douet dou doin def deu dag dai dun demme dad dune den daiſe dette der daf dec deuil doi da din dan dyeu do denne don dien de.

gn gne GN

gnui gnag gnemme gnin gneil gneu gnage gne gnoi gni gnou gnette gné gnyeu gnoin gnace gnien gneuil gnu gnouet gnaiſe gnenne gnaf gnun gnel gnune gna gnob gnen gno gner gnai gneur gnad gnan gnip gneſ gnav gnon gnec.

gl gle GL

gleu glage glec glouet glune glun glav glemme glag gleil glyeu glaf gla glace glenne glai glé glob glien gloin glel glan glaiſe glu gleſ glette glui gleuil gli gler gleur gle glen glin glip gloi glo glou glon glad.

ſqu ſque SQU

ſquen ſqueſ ſqué ſquag ſqueu ſquin ſquette ſquob ſqueil ſquage ſquip ſquui ſquien ſquyeu ſquec ſquoi ſqueuil

ſquoin ſquaf ſquouet ſquo ſqui ſquel
ſqua ſquune ſquou ſquer ſquan ſquace
ſquun ſquon ſqueur ſquaiſe ſquenne
ſquav ſquad ſque ſquu ſquai ſquemme.

fl ffl fle FL

fle flob fleu flou fleur flace flav flip
flad flag flun flenne flin flyeu floi fler
flec flaiſe flu flé flien fleſ floin flui
flouet flel flage fleil flemme flune flai
flo flon flan fleuil fla flaf flen flette fli.

Répétition des Conſonnes.

ch m b p ill f j n cr qu gu gl
gr ſqu l v z ſ fl gn r d t cl.

Doubles Conſonnes.

mm bb pp ff nn ll w ffl ſſ rr dd tt.

CINQUIEME LEÇON.

Voyez le n°. 8 de l'Inſtruction.

Changement des premieres Lettres.

va ta ſa ra pa na ma la ja fa da ba
chi pi vi mi ji di zi ri ni li bi ti
tu ru nu lu fu bu vu ſu pu mu ju du
vo no ro jo bo to po lo do ſo mo fo
dé lé pé té bé fé mé ré vé né jé ſé.

Autre changement plus composé.

cra fla illa qua gna cla cha gla ſqua gra
flé qué clé illé ché cré gné gré glé ſqué
gli qui fli ſqui gri chi cli gni illi cri
gno flo cro illo quo clo cho glo gro ſquo
gru glu flu gnu cru quu illu ſquu chu
clu.

chui nui bui ſui rui mui tui pui

taiſe

taiſe paiſe baiſe daiſe flaiſe maiſe craiſe
gnou tou vou lou fou chou nou bou
men den ten ven pen jen cren clen
neil beil ſeil reil meil deil zeil queil
mer quer iller ſer per jer crer cler
flace dace gnace tace vace lace face chace
nette bette ſette rette mette quette illette
vage lage fage chage nage bage ſage
chien nien bien ſien rien mien tien
vec pec jec flec dec clec gnec zec
meur queur illeur zeur peur jeur teur
noi boi ſoi roi moi quoi toi poi choi
chan nan ban ſan ran man pan tan
mon pon fon non quon von flon ſon
dai clai glai chai bai illai jai crai
leu ſqueu zeu gneu reu teu greu gueu
chav mav bav pav illav fav jav nav
crel quel guel vel lel zel grel ſel
ryeu dyeu flyeu dyeu gnyeu tyeu clyeu.

Changement des premieres & secondes Lettres.

ſo mi vé ra ju ſa to pi bu la ſé da né ſi mo va ru ſa zi jé ſo lé tu pé ba no dé ſa mé vi ro ji vu mu li té ſu pa bi nu do ſé ma lo vo ré jo ſi ta po bé lu na di je.

Autre changement plus composé.

teſ vob lel fui chaiſe nou ber ſeu remme men quoin illon zeil pip jag crer clace flette daf gnage touet vai lien fenne chad noi bav ſin reur mune quan illec zun peſ job crel crui flaiſe dou gran teu reuil len foin chon neil mace quette veur lune fan tin ler face mien iller don bage fouet gneil jeu clen guer peur tou deu.

SIXIEME LEÇON.

Voyez le n°. 9 de l'Inſtruction.

LECTURE

De Mots coupés par Syllabes, au bas deſquels ſont, à chaque page, des ſons qui ne ſeront point oubliés, non plus que ceux que l'on trouvera ailleurs placés de même.

chan ſon fâ ché cha leur é chec man-chette bou che bou chon chan de leur chi fon en chaî ner pé cheur chaiſe cho-quer chan te ra cha grin chu cho ter l'é-chan ſon chaî non cha rì té chien cha-que un fi chu ba zo che cha pon per-cher cha tai gne chi gnon.

---

un ip af é in oin ou ag i aiſe
v n qu cr t b ill d l ſ z gn
age euil ob en eſ ec a eil er ai.
f r p gl ch m j ſqu gu gr cl fl.

van ter na vette un pa vé a vi ron du bon vin vo lon té ſa veur a vec vi nai-gre va ni té a vou er voi tu rer veu vage ré veil ri vage gra ver va leur vé ri té je vo le rai va peur une vi gnette dé ve lo-per.

toi lette une to ta li té ten ter tou che ra é toi le pi tui te tien moi teur tin te ra é tu di er crou ton in ven ter men teur té-moi gnage poin tu une tan te pa ter nel té moin ti gre tu lipe ver tu é tui mou-ton.

li mon de la lai ne lon gueur mou lin lan ter ne ſo leil ſa lade la lune bou le i ta lien bien loin l'eſ pa gne a lou ette

---

ad on enne ui u yeu ace eur el an
fl v f gn r n cl z gr ſ p qu
eu ien emme e o av oi ette ouet une
gu l d ſqu gl j ill cr m ch b t.

lou cher vo lage len teur rou lette bi lan li ber té loi ma li gni té lu nette li bé rateur lu mi gnon a li gner.

femme en fin fon deur re bu fade face fin é tou fer du foin fouet fa vo ri figue feu fi dé li té l'en fer li ber ti nage fer ti li té en fan ter ren fer mé bou fette fa ti gue ra fer veur.

ni cher bo nace à la nage ve nin de viné mi nette ju non fé ré nade le ve neur nu age né ron nu di té na tu rel na viguer in fi ni no va teur no ti fi er pa nade fe nou ri ra fe pa na cher n'ob ti enne.

bai gner du bien ru ban bu veur bou logne bu che ron ro bin ber ner bon té

é aife ui an af i enne euil ip ec
v ill f j fqu r d n qu l p gu
ou av une e ad o ag en eur el
cr gl f gr t z ch cl b gn m fl.

bel grade bi che bou ti que bu cher un ba lai un bec be dai ne re bu ter bandage ba ta iller ba guette bu tin ba dinage bai gneur ber lin.

ſon ſou te nu ſien ſer mon ſu cré ſe lon ſer vi teur le ſien ſi gner ſo nette ſa lon ſage ſa la ma lec du ſel ſai gner ſan gler ſan té ſé ré ni té ſer vi tu de ſou per ſapin ſer pette ſen ſu a li té.

race robe do reur rouet en rage ti rade rien la bou reur ti rage roi rou ler pareil ré fu ter ri meur ra mage rui ner rivali té ro quette ro bin pa ren té dé natu rer.

moi mu tin a mer mi ra cle i mage mi nu-

---

on ob ace emme oin ai yeu un in er
gu j l cl d ſqu ſ gr v ill z f
u ette eſ eil ien ouet age a eu oi
n fl r gn p ch t qu m gl b er.

ter che min cla meur le mien man chon bien ai mé mo di que mon ta gne mai-greur mou che ma tin ma ſque ma ri age man quer a lu mette po made.

quo ti dien quan ti té mo queur qua li té quel que quoi man qué quai l'in qui é-tu de mo quette chi mé ri que qu'une qu'on cli quette l'é qui page quin ze qui-no la ma ro quin.

bou illon mou illètte mou iller bou illi pa ille cha tou illai ba illage dé pou illé feu ille ba ta illon que nou illette.

peu je ſou pai pipe é cha pé pa na che une page pa ver la pin l'eſ pace pu an-teur po che poin te po li ti que po pu-

---

i	age	une	af	u	ace	a	er	ip	é
t	v	l	b	n	ſ	ill	z	qu	cr	gn	d
ien	ette	an	oi	ec	enne	yeu	ad	un	on
ch	f	gu	m	r	gr	p	j	cl	fl	ſqu	gl.

lace pou mon po tage pou lette pu deur pen ſer cha lou pe pan ta lon.

jon cher le jeu join tu re jeû ner jo li jouet a jou ter ma jeur j'é pou van te j'i-mi te ju pi ter la joie j'en rage jan vi er job jou teur ju ri di que ju pon ju rer bi-jou en jo li ver ja bo ter.

cla meur un clo cher je bou clai cla-quer la bou cle ſe clou er clai ron cli-gno ter une cla vette clan deſ tin é clai-ré in cli ner.

cru di té cro quer du crin cri mi nel é-cran cre ver ſa cré je ſu crai crou te cré du li té cra cher cré a tu re cri ti que

---

emme o eil ai aiſe e euil av en eur

b t cr gn z ſ m ch gl v n qu

ouet in ui eu ou el ag eſ oin ob

gr fl gu j ſqu cl p r f ill d l.

crou pe

crou pe une cru che mé di o cri té l'é-
cri toi re.

dé bi teur en du rer le ven deur dou leur
dai gner une dette dan ſeur di gni té dîner in di vi du el dé mon do rade dé fi-
ler dé clin deſ po ti que dé voi ler da-
van tage dé gré.

fla teur ſou fler pan tou fle fleu ve une
fleur ron fler en flé flui de flan quer je
ſou flai la flo te é ra fler.

gue nipe le gué ri don guette gue non
gué une gueu le un gui don la guin-
guette gui gnon guin dage gui gne guiper bé gui nage lan gui ra.

gran deur gri mace gro gner une gri ve

---

ai eur av u ace o en euil emme a
fl m gn b f cl ch z t gr gl f
e eil é age er af ip aiſe une i
cr gu p l qu r ſqu d n j v ill

grace gra din gro gneur gra ba tai re ſe gron der un gri gnon gra vu re gre nade grou iller gra tin gri no ter gra vi té l'in-gra ti tu de dé gra der.

glace gloi re glou ton un gla neur bi-gler gla di a teur ſe glo ri fi er gla nage é glo gue a veu gler en ſan glan té en-glou ti ra.

AVERTISSEMENT.

POUR que l'Enfant ne ſe trouve pas arrêté dans la lecture de la piece ſuivante, faute de ſavoir comment diviſer ſes mots par ſyllabes, comme ils le ſont dans la précédente, il faut l'aider avec une fiche ou une groſſe épingle, ſur-tout dans les mots compoſés d'un ſon qu'il faut partager, comme *aviron*, qui préſente le ſon *av*; *panache*, le ſon *an*; *chantera*, le ſon *er*, que l'on dira à l'Enfant de couper, en lui en donnant l'exemple.

Quand il aura parcouru deux ou trois fois cette piece de lecture, on l'exercera ſur les ſons reſſemblants qui ſont à la page 48, & en même temps, ſi l'on veut, ſur la quatrieme & derniere planche, en ſe conduiſant pour celle-ci comme pour les trois autres.

SEPTIEME LEÇON.

PIECE DE LECTURE

Composée des mots précédents sans être coupés par Syllabes.

chanſon vanter toilette femme nicher chataigne baigner guenipe ſon race moi quotidien bouillon peu joncher clameur grimace maroquin crudité débiteur flateur ſoufler endurer l'ingratitude croquer clocher gloire le jeu je ſoupai mouillette quantité mutin robe ſoutenu rebuter chaînon grandeur du bien bonace enfin de la laine totalité navette fâché mouton chaleur un pavé tenter longueur fondeur à la nage bilan ruban ſien doreur amer

---

une ip aiſe i eil a en emme euil u

v n t b l ſ f r ch m gu gr.

moqueur mouiller pipe le guéridon jointure je bouclai du crin vendeur pantoufle fleuve chagrin douleur criminel claquer guignon jeuner échapé bouilli glace bigler qualité miracle rouet sermon buveur venin rebufade bijou moulin touchera aviron échec manchette dénaturer du bon vin grace étoile lanterne face deviné boulogne sucré enrage feuille image quelque paille panache joli boucle écran bataillon daigner une fleur pareil ronfler une dette crever clouer guenon jouet une page chatouillai quoi chemin tirade chaloupe selon bucheron minette ensanglanté fin soleil pituite volonté glouton bouche faveur bouchon gueule tien salade étoufer guette junon

---

af é age e er ai ace eur o av
qu cr ill d z gn p gl j squ cl fl.

robin aveugler rien clameur manqué baillage bazoche gladiateur paver ajouter ſacré n'obtienne enflé danſeur grogner fluide je ſucrai majeur lapin dépouillé le mien batailler laboureur ſigner libérateur berner ſérénade du foin la lune béguinage tintera avec chifon vinaigre enchaîner ſenſualité étudier une grive boule fouet veneur bonté une ſonette gradin tirage manchon gué quai l'eſpace j'épouvante croute dignité flanquer un glaneur je ſouflai dîner crédulité j'imite puanteur clairon grogneur quelqu'une bien aimé roi ſalon nuage berlin enjoliver favori italien crouton vanité pécheur avouer ſaveur ſerviteur chaiſe inventer bien loin figue nuage biche

---

in oin on ag ob yeu eſ ec ad ou
ſqu n p gn ch ill cr l gr j v r.

incliner un guidon rouet ſage rouler modique languira qu'on poche jupiter cracher quinze un grignon chandeleur flote démon créature éclairé la joie gravure pointe cliquette montagne jaboter ſalamalec boutique quenouillette néron feu l'eſpagne menteur l'inquiétude voiturer choquer deſpotique veuvage déveloper églogue chantera témoignage alouette fidélité grouiller nudité bucher du ſel réfuter maigreur politique glaner j'enrage médiocrité critique dorade croupe défiler janvier belgrade populace mouche rimeur l'écritoire ſaigner un balai naturel quinola l'enfer engloutira loucher pointu réveil chuchoter rivage minuter guindage ſerpette l'échanſon une tante volage ferveur

---

enne ui el an eu ien ouet oi ette un

z fl b qu m d f gl gn ſ cl t.

naviguer un bec pantalon ſangler ramage le matin poumon chimérique érafler job cruche déclin aligner jouteur dégré potage mariage ruiner ſanté maſque guiper bedaine infini chignon lenteur paternel graver étui un fichu valeur dégrader charité témoin roulette fertilité clavette novateur gratin moiteur ſérénité rivalité manquer poulette l'équipage juridique pudeur jupon alumette roquette parenté ſervitude dévoiler bandage notifier gravité enfanter liberté tigre vérité chien individuel percher je volai chaque tulipe loi renfermé guigne panade davantage baguette ſouper robin pomade panſer jurer malignité ſapin vignette badinage ſe nourira bouſette longueur vertu grignoter chifon vapeur lunette fatiguera ſe panacher baigneur chapon clignoter lumignon glanage ſe glorifier.

AVIS.

Les Enfans apprennent pour l'ordinaire assez vîte les sons ressemblants, parce que la forme de la plus grande partie est à peu de chose près la même que celle des sons radicaux; mais il faudra, une fois ou deux, cacher avec une fiche la lettre, ou le dernier jambage, ou enfin le surplus de ce qui se trouve dans le son radical.

HUITIEME LEÇON.

Sons qui répondent aux Radicaux des deux premieres Planches, & auxquels on donnera le nom de la Figure qui y a raport.

Son radical.	*Son ressemblant.*	*Son radical.*	*Son ressemblant.*
oi	oy	an	ean am
é	eh ez &	en	em
i	y	eil	eille œil
o	au eau	on	om
ien	yen	euil	euille
in	im aim ain ein	eur	œur œurs
el	elle	er	erre
un	um	ai	est oî ê è ë ay et ei ois oit oient.
ef	esse		
eu	œu		

Répétition des mêmes ſons.

Premier Ordre.

oy eh y eau ois yen ê ain elle um oî eſſe ei em œil om am et euille ë œur è erre eſt au im ay ein oit ez oient ean & œu œurs eille aim.

Second Ordre.

em ein ei ay eſſe im oî au um eſt elle erre ain è œur ê yen ë euille œu ois aim eille œurs et eau & y am oient eh om ez oy œil oit ean.

Les mêmes ſons mêlés avec leurs Radicaux.

ez oi om eh oy œil é oit i am oient y o et & eau ien ois euille œu in ë ean yen œurs el è aim un ê eſ œur eu eille an erre ain en elle um eil eſt on oî au eſſe im euil ei eur em ein ay er ai.

AVERTISSEMENT

A consulter pour l'étude des sons composés de la quatrieme Planche, qui sont à la page 52.

Les Sons composés de la quatrieme Planche, & qui sont ci-après, exigent de l'adresse de la part du Maître, & de celle de l'Enfant, un peu plus d'attention. Cependant il sera facile de les lui faire concevoir, en s'y prenant de la maniere suivante.

En tête de chaque ligne de ces sons est celui de la Figure qui doit servir de base aux autres : il faut la décomposer, ou en prendre la moitié, pour former du son qui y est joint, une seconde Figure ; par exemple, *cune* : dans cette Syllabe on trouvera, par la décomposition, des *écus* & la *lune* ; dans *coi*, des *abricots* & un *roi* ; dans *gien* on aura un *logis* & un *chien* ; *gail* offrira un *gâteau* & le son des *feuilles* ; *gesse* un *singe* & une *abesse* ; *gom* des *fagots* & un *mouton*, &c.

Quant aux Syllabes composées de deux sons distincts, comme *cienne*, où l'on voit celui du *châssis* & de la *chienne* ; *exem* où sont distinctement l'*index* & le *serpent* ; il faut faire remarquer la Figure ajoutée à la premiere & les prononcer d'une seule voix.

Dans les monosyllabes qui dérivent de *mes*, *doit*, il n'y a que la premiere Figure ou consonne à changer, le reste rendant le son final des *plumets* & du *doigt*.

On dira encore à l'Enfant de ne pas compter le *te*, le *pe* dans les mots où ces Figures ne sonnent point, non plus que l'*h*, parceque la *mouche* n'est pas entiere.

Nota. On trouvera, aux pages 65 & 66, différents exemples sur les lettres qui ne se font point sentir, afin d'accoutumer les Enfans à ne pas les prononcer.

NEUVIEME LEÇON.

Voyez les trois premiers n°. de l'Instruction.

EXPLICATION DES FIGURES DE LA QUATRIEME PLANCHE.

des écus . . . cu	*des fagots* . . go	*des insectes* . . ct	*la bénédiction.* ction
des abricots . co	*un logis* . . . gi	*un doigt* . . . doit	*des plumets* . . mes
un avocat . . . ca	*un singe* . . . ge	*la procession.* tion	*l'index* . . . . ex
une balance . ce	*un gâteau* . . ga	*des pincettes* sept	*un cœur* . . . . cœur
un châssis . . ci	*une figure* . . gur	*un christ* . . . . st	*un homme qui excite des chiens xe xe*. . x

Syllabes qui répondent aux Figures de la IVe. Planche.

cu	co	ca	ce	ci
go	gi	ge	ga	gur
ct	doit	tion	sept	st
ction	mes	ex	cœur	x

Répétition des sons précédents.

ga	ci	ct	gi	st
cœur	x	sept	ce	ex
tion	ca	mes	doit	ge
co	ction	gur	go	cu.

Répétition des Sons de la quatrieme Planche, avec leurs composés.

Voyez l'Avertissement page 50.

mes ſes des les tes ces

cu cur cul cun cune cui cuir

ca car cal can cam cail cai

ce cen cer ceu ceſſé cé cette celle

ci cir cil cin cim cien cienne cieu

co cor col con com coi cou coup coût cour

go gor goi goir gon gom gou gour goût

gi gir gil gin gim gien gienne gieu git

ge gen gem geſſe geur gé ger gelle

tion tien tience tiel tia tial ptial ſſion

ex exem exer exa exo exhor exi exhi exil

cœur chœur cœurs chœurs

gur gure gul gule gune

doit boit ſoit voit croit reçoit

ſept cet cette cettes

ction xion ctions xions

ga gar gal gail gan gam gai gau.

Syllabes de la quatrieme Planche, mêlées avec leurs composés.

ſes cur cor car cen cin gor gin tience
chœur gure boit gieu xion ſt cour go
gar x ge gour cou ga ex ction exem
ſept gau doit gur cœur tion gi exil
ci ce ca co cu mes gen coût ctions
exer cette gim ſoit gul cœurs tia gir
goi cir cer ger col cun des ct gail
xions exo cettes tiel voit gule chœurs
tial gon cim ceu cal con cul les
exhor gan croit gune ptial gil goir cil
ceſſe can cune tes goût gal exi reçoit
ſſion gien gé gou cien cé cail com
cui ces gai exhi tien gienne gom coup
cienne cet cam cuir gam exa gelle
git geſſe cieu celle cai coi geur gem.

DIXIEME LEÇON.

Consonnes composées ou dérivées des simples, que l'on fera dire d'abord par détail à l'Enfant, s'il a de la peine à prononcer, & ensuite d'une seule voix.

Consonnes simples.	Consonnes comp.	Consonnes simples.	Consonnes comp.
f	ff ph	p-t	pt
ſ-f	ſf ſph	p-ſ	pſ
ſ-m	ſm	cr	chr
ſ-b	ſb	ſ-chr	ſchr
ſ-ch	ſch	b-r	br
t-r	tr thr	b-l	bl
ſ-t-r	ſtr	d-r	dr
ſ-p	ſp	v-r	vr
p-r	pr	f-r	fr ffr phr
ſ-p-r	ſpr	ſ-ph-r	ſphr
p-l	pl	qu	k
ſ-p-l	ſpl	ſ	s C'ç ſç ſſ.

Répétition des mêmes Consonnes.

C' k phr vr dr bl br schr ps chr pt sphr pl pr ff spl spr thr sb sm str sph ffr s ç ss sç ph fr tr ss sp sch.

Consonnes doubles mêlées avec les simples.

pr ff pl chr ps v schr t br dr bl vr l phr sp k spl f C' cr ch tr gu fr ph sphr n qu ss b ill sç ç ffr d sph s z str sm gn gl p sb r m st x thr ct squ pt spr fl s gr j cl ss scr.

RÉSUMÉ

De tous les Sons dont la Langue françoise est composée, & qu'il suffit que les Enfans connoissent parfaitement, pour être en état de lire.

1°. Les Sons des trois premieres Planches, page 22.

2°. Les Sons ressemblants des deux premieres Planches, page 48.

3°. Les Sons de la quatrieme Planche, avec leurs composés, page 52.

4°. Les Consonnes composées ou dérivées des simples, page 54.

Tout ce qui est ci-après, n'est que l'emploi, ou l'assemblage & la répétition de tous ces Sons.

OBSERVATION.

SI l'Enfant poſſede bien toutes les Leçons précédentes, on pourra, en même temps qu'on l'exercera ſur la ſuivante & ſur tout le reſte, ainſi que ſur les Sons qui commencent par une grande lettre, le faire lire dans le Conte; mais avant il ſera bon qu'il ait parcouru les différents Exemples qui ſont ci-après, pages *65* & *66*.

ONZIEME LEÇON.

Sons & Syllabes qu'il faut que l'Enfant diſe d'une ſeule voix, ici & par-tout ailleurs, pour qu'il acquiert de la rapidité en liſant.*

er

er ar ir or ur our oir eur air œur ur oir ar or our er ir air.

el

el al ol il ul oule oile aule eule uile arle erle orle urle elle alle ille olle ulle.

ob

ob ab eb ib ub arbe erbe orbe urbe albe elbe ulbe aube oube ambe imbe ombe ourbe.

* Les Syllabes composées d'un *e* muet & d'une conſonne, par exemple, *eb*, *ep*, *ene*, *eme*, *eg*, &c. ſe prononceront comme ſi l'*e* étoit moyen ou preſqu'ouvert.

age

age ege ige oge uge ange inge onge eige arge erge orge urge ouge auge.

ad

ad ed id od ud ande inde onde ende oude aide aude oide ourde arde erde orde urde.

eſ

eſ aſ iſ oſ uſ arſe orſe erſe urſe ourſe eſſe iſſe aſſe uſſe oſſe ouſſe oiſſe auſſe uiſſe.

ip

ip op ep ap up arpe erpe irpe orpe urpe oupe aupe oipe alpe elpe ilpe olpe ulpe êpe.

ec

ec ac ic oc uc ec oc ic ac uc ic ec uc ac oc ec uc ic ac oc.

av

av ev iv ov uv anve inve enve arve erve orve urve alve ilve ulve êve auve euve oive ouve uive.

une

une ane ine one ene erne irne orne urne oine eune aune eine uine.

ette

ette atte itte otte utte ate ete ite ote ute ête arte erte irte orte urte eurte eute aute oite einte oute aite uite ante inte onte ente ointe.

ex

ex ax ix ox ux

emme

emme imme omme amme alme elme ilme olme ulme arme erme irme orme aime aume uime ame ime eme ome ume ême éme.

af

af ef if of uf aff off iff uff eff arf erf orf inf onf enf auf euf oif ouf uif affr effr iffr offr ouffr auffr anfr infr affl ifl afl ufl onfl oufl anfl.

ag

ag eg ig og ug aug ag ig ug eg og ig.

enne

enne anne onne inne ene ine one ane êne.

ace

ace ice ece oce uce arce erce orce urce ource auce ouce ance ince once ence alce elce olce ilce ulce.

aiſe

aiſe aſe eſe iſe oſe uſe auſe euſe oiſe ouſe uiſe auſe êſe ouſe euſe.

eil

eil ail ouil euil eille ouille aille euille.

DOUZIEME & derniere LEÇON.

Lettres Breves ou Diphtongues.

a *bref.*

aon aa aé aïr aor aan aï aü aïn ao aïeul aab aad aac aïf aal aïl aül aam aaſ.

é *bref.*

éeſſe éa éon éal éor éan éage éé éir éance éer éo éel éu éi éhen éhé.

i *bref.*

ieu ieuſe io ié ia ion ial iez iace iuſ iad ier iaſ ief ieur iar iol iet ior iai iois iette ienne ian iance iage ioit iap ience ieille ioient iel iaſſe ielle ieſſe iere ionne ianne iaiſe iau iou.

y *bref.*

yé ya yal yon yer yaſſe yeur yar yau yai yenne yan yage yoit yez yeul yeuſe yoient yol yance.

o *bref.*

oel oab oad oaſ oeg oïl oar oé oa oï oü oon oan oail oyen oet oyenne oë oal oail oag ooz oelle ohor.

u *bref.*

uin uir ué uer uon uan uai uel ua uet uage ueu uoit uelle ueuſe uaſſe uoient uence ueur uete uil uif uiv uez uau uad uar.

ou *bref.*

oui ouir ouan ouange ouer ouez ouon oueur ouai ouin ouelle ouaſſe ouette oua oué ouoit oueſſe oueu ouab ouoient oueuſe ouage ouane ouar ouaille ouhai.

SYLLABES

Formées des Conſonnes compoſées & des Sons ou radicaux ou reſſemblants, afin d'accoutumer les Enfans à lire les mots les plus difficiles.

guez ctum xaille brê dreſ ffrois quoir jai deu phloi blouil flim ſteuil ſchem

---

oient am i oit é œil oy eh om oi ez vr bl dr t br ſchr v pſ chr pl fl pr ll ë in œu euille ois ien eau & et o y ph fr gu tr ch cr C' f ſpl k ſp phr l.

ſcroî veur chyen rouille ſy quau pteſt troient glelle chram trœu fray ɛ̃trail illau clon gnè glaim ffloy cleſſe ſcheur ſbien grei phou tin phrair prë sim croit zour fen blez pleuille çê ſplein ſphoi nai lyen beau Ky C'œil ptau ſai ſtoi ſquelle pſain vrei ſtrin moî peil floit thrim plan blom ſpois ſmel.

teille phun greſt ſelle preſſe phroient fez chrem zoit çum flaille nê ſphef ſplois Koir bai plez leu ſoi ptouil C'im pſoî ſquem ſtœur myen ſtrouille vry thrau floient pelle clam ffleſt clœu ſchay ſbail xau ɛ̃ton què ffraim droy breſſe dien jeur quei flou blin.

---

eu œur eſ ê un aim è el œurs yen
ſtr z ſ ſph d ffr ç ſç ill b ſſ qu n ffl
on eſt eil um elle en ain erre an eille
pt ſqu ɛ̃ thr x ſt m r ſb p gl gn ſm tt.

ſcrai ſchim ſtoit rour chë vez treuil quê ſein ptoi chrai glyen ċtreau fry trœil clai gnau illoy blelle plain ſprei ſmin ſpoî illoit gleil vim phlan brom glois trel ſau ſteille quun gueſt ſchelle peſſe lez ſtoient flem phroit plum vrez chry choi ſplê zeſ grois ſmoir clai chreu.

blim drouil fflem freuil quoî schœur ſby jyen ċtouille flau ſquoient belle plam preſt blœu ſtray ptail ſphau cron phê ſpraim gnoy pteſſe reur flien ffrei clou ċtrin trair ſcre dim xoit throur pſen kez çeuille mê ſoi nein ſai tyen feau ſpy illoit klon phlair frelle kain tei guœil jau ſcrai phroy plelle.

---

ai er ay ein em eur ei euil im eſſe au oî
mm ſcr ſſ çl j gr ſ rr fl ſpr bb phr ſç
an ien ay ois erre ai en ail ain er
tr ſp ç ċt ſqu k ffr ſpl w ffl dd pt nn.

brin bloî reil zoit ſphim ſan quois schom trel flau beille pſun phleſt xeſ chelle pteſſe soient mem ſplez ſtoit quum ctrez laille ſquê ptois throir vai chreu gnoi fouil ſtrim ſeuil frem cloî ſtœur flyen glouille phy pay ſbail illau vrelle blam treſt flœu ſmon glè ſchaim groy neſſe drien plei.

creur flou ctin dair prë fim ſpoit çen ffrour guœil ctrez chri flay clau ſpez ſproient clê pteuille plein ſtroi scheau ſai flyen pſy ctrœil fflau mai bloy gnelle ſmain threi ſbin cloî treil poit glim fran ſquom kois illel ſprau Chreille run vreſt prelle neſſe troient quez scram.

---

an ien ay ois erre ai en aille ain er
qu ſb dr bl r ſſ m b vr ſt l ill x
ouille o et eur & eu em eille eau ein
cl gu j ſm v fr gn t gl ſchr nn ph br.

EXEMPLES

EXEMPLES

Des mots composés de la lettre h, *qu'on cachera d'abord avec une fiche, en disant à l'Enfant qu'elle ne se compte point.*

On lui dira la même chose pour toutes les autres lettres qui ne se prononcent pas dans ces différents exemples, & ailleurs, en leur conservant le nom de la Figure.

heureux habit hommage homicide herbe histoire humide habitude hérisson herbage heureusement hyver historien homme horloge humble hospitalité horreur humain humblement huileux humeur hypocrite honorablement.

EXEMPLES

Sur la lettre s *finale, qui ne se prononce que dans les monosyllabes* mes, ces, des, les, tes, ses.

branches cordages basses blondes bourses carmes fautes graces meules pommes portes routes grandes poules hommes princes courses goutes rides larmes larges cartes ſommes places danſes mes palmes modes ſes glandes flames des vêpres les verbes offices merles tes novices viſites ces huîtres.

EXEMPLES

Des terminaiſons des Verbes en ent, *qui ne ſe prononcent que comme s'il n'y avoit qu'un* e *muet.*

craignent mouillent riment montent manquent étouffent ouvrent rompent aiment retournent aſpirent trouvent mouchent admirent étranglent déclinent touchent montrent tremblent ſouflent mangent brûlent liſent entrent écrivent.

EXEMPLES

Des mots où il y a certaines figures comme er, in, en, un, ſſ, ſt, *qu'il faut dire à l'Éleve de couper.*

tomberoit feroit accorderons animoſité ſera venoient continuité ſerons cabinet promenés terminer féminin ferez capitaine chargera veste humanité bonifier casseriez trouvera origine commune procession amener criminelle latinité rangera travaillé inopiné inhabile venoit univers feriez avenir prenez fera parvenu universel devinions ferai inclination vestes empressement estimer.

CATALOGUE

Des noms des Figures employées dans cet Ouvrage, qu'il sera bon de faire lire plusieurs fois aux Enfans.

La lune un lit un chat un bossu une femme une pipe une chaise le soleil un serpent un fauteuil une caraffe une cage un verre une glace des os un dé une roue un balai une fleur des raves. Un raisin une robe de la salade un autel un roi un poing des yeux un loup un enfant un fouet un mouton une abesse une chienne un boiteux une fourchette une bague un bec un étui un chien un. Une cave une tête une poule des griffes une mouche une langue un âne une jambe une bourse une poire une plume un négre une perruque des feuilles des cerises une lampe une orange une boucle du sucre une corde un peigne des épingles un masque des pantoufles. Des écus des abricots un avocat une balance un châssis un christ des fagots un logis une procession un singe un cœur des insectes une figure un doigt des pincettes la bénédiction des plumets l'index un gâteau un homme qui excite des chiens.

OBSERVATION.

Le caractere italique differe très-peu du romain. Lorsqu'on en aura fait connoître à l'Enfant les sons ci-après, en l'aidant la premiere fois à les nommer, il suffira, pour lui en donner l'habitude, de lui faire lire les titres en lettres italiques qui sont dans le livre.

CARACTERES ITALIQUES.

Voyelles, sons simples & composés mêlés ensemble.

a eille un est esse er em oit el om an im age eil oî in ain elle oy au œil y eau yen ein euille ez en & our eh ë air ou ei o eur ien aim è on ail ay œu erre am oient ouille i œur euil ouil oi eu ai oir u ois eſ ê aille ex um é et.

Conſonnes ſimples.

m j C' f r p d l ſ s z t b v n ç k x.

Conſonnes compoſées & mêlées avec les ſimples.

ſp ill v phl br ſch p ſt l phr ffl ffr qu sch j ct ſb fl ſqu b pl pr ſpr gn r thr pſ k ç gl s tr gu vr C' z gr cl Chr ch dr bl ſtr pt cr ph ctr ſcr d x m ſ n f t ſpl.

TABLE

Des ſons radicaux & reſſemblants de la premiere & ſeconde Planches.

Premiere Planche.

une.... Une	ip .... Ip	e .... E
i......... I	aiſe .... Aiſe	age .... Age
il........ Il	eil ...... Eil	er .... Er
a......... A	œil ..... Œil	ace..... Ace
u........ U	euil .... Euil	o......... O
emme. Emme	ouil.... Ouil	au ...... Au
é .... É	ail ..... Ail	eau..... Eau
eh ...... Eh	en ...... En	ai .... Ai
eur..... Eur	em ..... Em	ay ...... Ay
œur.... Œur	av ...... Av	eſt ...... Eſt
af....... Af	y .... Y	et .... Et

Répétition de ces ſons.

Œur Une Et Ip Eau Af I Aiſe Eſt Age

A Eil Er U Au En Ace Ail Emme Y Euil

Eh O Il É Ai E Av Eur Œil Em Ay Ouil.

Seconde Planche.

on...... On	oin .... Oin	ec ...... Ec
om..... Om	yeu .... Yeu	enne... Enne
ad...... Ad	ou...... Ou	eu ...... Eu
ob...... Ob	an ...... An	œu ..... Œu
el .... El	am ..... Am	ette .... Ette
elle .... Elle	ean..... Ean	ui .... Ui
oi ...... Oi	ouet... Ouet	in .... In
oy ...... Oy	eſ .... Eſ	im ...... Im
ag ...... Ag	eſſe..... Eſſe	aim .... Aim
ien ..... Ien	un ...... Un	ain ..... Ain
yen .... Yen	um ..... Um	ein ..... Ein

Répétition de ces ſons.

In Oin Am On Yeu Im Eſ Ob Um Ad
Ou Enne Aim El An Eu Oi Ain Ouet
Ette Ag Ec Ui Ien Ein un Yen Om Eſſe
Œu Elle Oy Ean.

Les mêmes ſons de ces deux Planches mêlés.

Oy Œu Et Elle Ay Om Eau Yen Œur
Un Em Ein Af Ien Eh Ui Age Ec Y

Ag Eſſe Ace Ette Ail Ouet Er Ain Ai Oi Ip Eu Aiſe An Eil El En Aim Euil Enne Il E Ou Av Ad Une Um I Ob A Eſ Eſt Im U Yeu Emme On É Am Au Oin Eur In Œil Ean Ouil O.

TABLE

Des conſonnes compoſées.

ch . . . . . . Ch	gr. . . . . . . Gr	qu. . . . . . Qu
ſch . . . . . Sch	cl. Cl	ſqu. . . . . Squ
gu. . . . . . Gu	gn. . . . . . Gn	fl. . . . . Fl
gl . . . . Gl	ct. . . . . . . Ct	cr. . . . . . . Cr
ph . . . . . . Ph	ſm . . . . . . Sm	chr . . . . Chr
ſph . . . . Sph	tr . . . . Tr	ſchr. . . . Schr
phl . . . . . Phl	thr . . . . . Thr	br . . . . Br
ſphl. . . . Sphl	ſp . . . . . . Sp	bl . . . . Bl
phr . . . . . Phr	ſtr . . . . . . Str	dr. . . . . . . Dr
ſphr . . . Sphr	fr . . . . Fr	vr . . . . . . Vr
pr . . . . Pr	pl . . . . Pl	pt. . . . . . . Pt
ſpr . . . . . Spr	ſpl. . . . . . Spl	pſ . . . . . . Pſ.

Répétition

Répétition des mêmes consonnes.

Spl Ps Spr Ch Pr Pl Sch Pt Gu Cl Gr
Qu Sphl Vr Gl Cr Bl Sph Fr Dr Ct
Gn Ph Str Br Squ Fl Chr Tr Sp Phl
Schr Phr Sm Thr Sphr.

TABLE

Des sons de la quatrieme Planche.

cu	Cu	ga	Ga
co.	Co	gur	Gur
ca.	Ca	doit	Doit
ce	Ce	tion	Tion
ci	Ci	sept	Sept
go	Go	mes.	Mes
gi	Gi	ex..	Ex
ge	Ge	cœur	Cœur

Répétition de ces sons avec leurs composés, pour la connoissance desquels on employera le moyen indiqué page 50, pour les mêmes sons.

Gi Car Ce Cor Ge Ses Chœur Cur Goût
Gin Gor Mes Cu Cin Cen Co Cœur Ca

Gar Ci Cai Cou Go Doit Exem Ga Ex
Celle Gen Cet Exer des Cun Col Exa
Cir Cer Goi Gé Cette Exo Ger Gan Cé
Les Ceu Con Cim Gem Gon Tes Can
Exi Gou Cour Com Gom Ces Gai Exhi
Gour Cam Exil Coi Gam Gau Cieu Cé.

SONS ET SYLLABES

En lettres majuscules des deux premieres Planches; avec la plus grande partie des sons ressemblants, & quelques-uns composés du son radical.

a . . . . A	eur . . . . . . EUR
u . . . . U	une . . . . . . UNE
emme . . . EMME	eil . . . . EIL
af . . . . AF	ip . . . . IP
é. . . . . É	er . . . . ER
eh . . . . EH	age . . . . . . AGE
ez. . . . . . . EZ	ai . . . . AI
av . . . . AV	ay . . . . AY
euil . . . . . EUIL	oî . . . . OÎ

e	E	ê	Ê
aiſe	AISE	ë	Ë
o	O	ei	EI
au	AU	et	ET
i	I	eſt	EST
y	Y	ois	OIS
ace	ACE	oit	OIT
ec	EC	oient	OIENT

Répétition de ces ſons.

UNE AI AGE EC A ACE OIENT ER IP I AY AU EIL EUR O Ë OIS AISE OÎ E Ê EUIL U Y AV EST EZ EI AF É OIT EMME EH ET.

Seconde Planche.

un	UN	in	IN
um	UM	im	IM
ob	OB	ad	AD
oi	OI	el	EL
oy	OY	ouet	OUET

eſ	ES	en	EN
ui	UI	em	EM
oin	OIN	yeu	YEU
on	ON	ou	OU
om	OM	an	AN
enne	ENNE	am	AM
eu	EU	ette	ETTE
ien	IEN	ag	AG

Répétition de ces ſons.

AM UN OG EU IN ENNE AN OB AD EG UM OI EN EL OM ETTE OU ES IG OY IM OUET ON UG IEN EM UI AG OIN YEU.

Les mêmes ſons de ces deux Planches mêlés.

AI OU E AU UNE IC EU IEN ENNE UI AY EUIL AGE É AG OC AM OÎ AV IG AN EUR YEU EC A OM EH U OIENT EG ON EZ EIL AC ETTE

EM Ê ACE EN I ER OIT ES OUET IP AF Ë OY UC OIN ET OI EMME EL UM O AD UG IN OB Y OIS IM OG EST UN AISE EI.

AUTRES SONS RESSEMBLANTS,

Composés des précédents, dans leſquels il n'y a qu'une lettre à retrancher ou à ajouter à chacun pour qu'ils ſoient les mêmes aux yeux, n'étant point différents à l'oreille.

AN . . . . . . EAN	ER . . . . ERRE
IN . . . . . . EIN	EL . . . . . . ELLE
IN. . . . . AIN	ES . . . . . . ESSE
IM . . . . . . AIM	EUR . . . . ŒUR
ON . . . . . . EON	EIL . . . . . . ŒIL
UN . . . . . . EUN	EIL . . . . . EILLE
AU . . . . . . EAU	AIL . . . . AILLE
EU . . . . . . ŒU	OUIL . . OUILLE
IEN . . . . . YEN	EUIL . . . EUILLE

Répétition des sons ressemblants.

Premiere Ordre.

EIN AILLE ŒU EUN ELLE YEN
ERRE ŒIL AIN OUILLE EAN
ESSE EILLE EAU EON EUILLE
AIM ŒUR.

Second Ordre.

AILLE EUN YEN ŒIL OUILLE
AIM EAU EON ŒUR EIN ŒU
ELLE ERRE ESSE EILLE EUILLE
AIN EAN.

Les mêmes sons composés mêlés avec leurs racines.

EIN EUIL EAN ET AILLE OIN ŒU
AI ESSE OU AIM IM ELLE EN OI
EILLE AU AIL UM YEN ER IN EUN
OM EAU EU AN EIL ERRE IEN ŒIL
EM OUIL AIN EUR UN AM EUILLE
ES ENNE ON EL ŒUR EON OUILLE.

CONSONNES SIMPLES

De la troisieme Planche.

v V		ſ . . . . S
t . . . . T		c' . . . . C'
l L		r . . . . R
f . . . . F		m . . . . M
n . . . . N		z . . . . Z
b . . . . B		p . . . . P
d . . . . D		x X
j . . . . J		k . . . . K

Répétition de ces ſons.

Premier Ordre.

T S V R C' L K M F X
B J N Z D P.

Second Ordre.

D S T P V Z R N C' J
L B K X M F.

DOUBLES CONSONNES,

Dont la prononciation ne rend point, ou très-peu; à l'oreille le son des lettres qui les composent.

TABLE.

ch	CH	ct	CT
qu	QU	cr	CR
ill	ILL	chr	CHR
gr	GR	gn	GN
gl	GL	thr	THR
cl	CL	ph	PH
gu	GU	phr	PHR

Répétition de ces doubles consonnes.

Premier Ordre.

CHR GN GL GU PH ILL CH THR CR CT CL GR QU PHR.

Second Ordre.

CH PHR ILL PH GR CL GU CT GL GN THR CHR QU CR.

DOUBLES

DOUBLES CONSONNES,

Dont la prononciation rend à l'oreille le ſon des lettres qui les compoſent.

Premier Ordre.

PR FL ST FR PT BR PL TR

BL VR DR SM PS SB SP.

Second Ordre.

FL FR BR TR VR PR ST DR

PT PL BL SB SP PS SM.

Toutes les Conſonnes doubles & ſimples mêlées enſemble.

GU BR QU PHL ST V S GL TR

ILL SP GR PHR Z FL SPL L C'

VR P PL SCH CT DR J BL CH

FR CL FFL PH N PR B CHR SPH

PT SQU BL X CR SB FFR D SCR

STR F GN SPR T SM R CTR K PS

M THR SPHR.

SONS OU SYLLABES

De la quatrieme Planche.

mes	MES	tion . . .	TION
ci	CI	ce	CE
ge	GE	gur	GUR
ca	CA	cœur . . .	CŒUR
co	CO	gi	GI
ſept	SEPT	ex	EX
cu	CU	ga	GA
go	GO	doit . . .	DOIT.

Répétition de ces ſons.

Premier Ordre.

MES GE SEPT GO CE CŒUR EX GA CI CA CO CU TION GUR GI DOIT.

Second Ordre.

CI MES CA GE CO CU SEPT GO TION GUR CE GI DOIT EX GA CŒUR.

Répétition des mêmes Syllabes mêlées avec leurs composés.

Voyez l'Avis de la page 50.

GE CHŒUR TIENCE GIN CIN CEN
SES CU CO MES CA GI CE TION
CŒUR CI CAI GO AX XION TIEL
GIM BOIT GAU CELLE DOIT GUR
SEPT EXEM EX GA TIA GEN GUL
SOIT CET EXER IX GAIL OX DES
CUN GIEU GOI TIAL GÉ VOIT
EXIL GESSE CROIT EXO EXHOR
GAN LES CEU CON GIM GEUR
GON GEM UX TES GUNE CUNE
COU CAN CESSE CAIL EXI CIEN
CÉ REÇOIT GOU GIEN CIENNE
COM GOM CUI GIENNE CES TIEN
GAI EXHI GELLE CETTE CAM
EXA GAM CUIR COI CIEU.

AVERTISSEMENT.

La premiere fois que les Enfans liront le Conte suivant, non-seulement on n'exigera pas d'eux qu'ils lient les mots, parce qu'on trouvera, à la fin de cette piece de lecture, une Table pour les liaisons, mais on les conduira toujours, comme ci-devant, avec la pointe d'une grosse épingle, de syllabes en syllabes, en pratiquant ce qui est indiqué pour les différents exemples qui sont aux pages *65 & 66.*

Durant la premiere lecture du Conte, on comprendra dans la répétition qui est recommandée page 15, l'exercice sur les Sons en gros caracteres, afin qu'à la seconde fois on puisse faire lire exactement aux Enfans une ou deux des Fables abrégées qui sont au bas de chaque page.

La seconde ou troisieme fois qu'ils recommenceront le Conte, on les rectifiera sur les sons *er*, *ai*, qui étant finals, comme dans *aimer*, *j'écrirai*, doivent être adoucis, & avoir celui de l'*é* fermé, ou du *dé*.

On les accoutumera aussi à former les liaisons, & peu-à-peu à lire sans le secours d'un guide, en les arrêtant seulement sur la syllabe sur laquelle ils se tromperoient. *Voyez le n°. 9 de l'Instruction, page* 14.

On conçoit, sans doute, qu'il sera indispensable d'aider les Enfans dans la lecture de certains mots, sur-tout de ceux tirés du Grec & de l'Hébreu, où les mêmes figures ou lettres, telles que *ch*, *gu*, *qu*, *gn*, *en*, *un*, &c. ont un son différent. Ils apprendront ces exceptions & d'autres, comme tout le monde, par l'usage.

LE PRINCE CHÉRI.

CONTE.

IL y avoit, du tems des Fées, un Roi qui étoit si honnête-homme, que ses sujets l'appelloient le Roi bon. Un jour qu'il étoit à la chasse, un petit lapin blanc que les chiens alloient tuer, se jetta dans ses bras. Le Roi caressa ce petit lapin, & dit : puisqu'il s'est mis sous ma protection, je ne veux pas qu'on lui fasse du mal. Il porta ce petit lapin dans son Palais, & il lui fit donner une jolie petite maison, & de bonnes herbes à manger. La nuit quand il fut seul dans sa chambre, il vit paroître une belle Dame; elle n'avoit point d'habits d'or & d'argent, mais sa robe étoit blanche comme la neige, & au lieu de coëffure, elle avoit une couronne de roses blanches sur la tête. Le bon Roi fut

FABLES.

Le Coq & le Diamant.

UN COQ RENCONTRE UN DIAMANT SUR UN FUMIER. RIEN N'EST SI BEAU, DIT-IL; MAIS JE NE SAIS QU'EN FAIRE. QUOI, TROUVER DANS LA BOUE UN ORNEMENT SI PRÉCIEUX! AINSI GÎT LA VERTU, QUAND LE SORT LUI EST CONTRAIRE.

bien étonné de voir cette Dame; car sa porte étoit fermée, & il ne savoit pas comment elle étoit entrée. Elle lui dit : je suis la Fée Candide; je passois dans le bois pendant que vous chassiez, & j'ai voulu savoir si vous étiez bon, comme tout le monde le dit. Pour cela, j'ai pris la figure d'un petit lapin, & je me suis sauvée dans vos bras; car je sais que ceux qui ont de la pitié pour les bêtes, en ont encore plus pour les hommes; & si vous m'aviez réfusé votre secours, j'aurois cru que vous étiez méchant. Je viens vous remercier du bien que vous m'avez fait, & vous assurer que je serai toujours de vos amies. Vous n'avez qu'à me demander tout ce que vous voudrez, je vous promets de vous l'accorder.

Madame, dit le bon Roi, puisque vous êtes une Fée, vous devez savoir tout ce que je souhaite. Je n'ai qu'un fils que j'aime beaucoup, & pour cela, on l'a nommé le Prince Chéri. Si vous avez quelque bonté pour moi, devenez la bonne amie de mon fils. De bon cœur, lui dit la Fée : je puis rendre votre fils le plus beau Prince du monde, ou le plus riche, ou le plus puissant; choisissez ce que

---

La Fourmi & la Cigale.

FOURMI, DIT LA CIGALE AFFAMÉE, HÉLAS! UN PEU DE GRAINE! JE N'AI RIEN, ET L'HIVER EST SI LONG A PASSER. QU'AS-TU DONC FAIT L'ÉTÉ, LUI DEMANDE LA FOURMI? J'AI CHANTÉ DANS LA PLAINE. ET BIEN, VA MAINTENANT Y DANSER.

vous voudrez pour lui. Je ne desire rien de tout cela pour mon fils, répondit le bon Roi; mais je vous serai bien obligé, si vous voulez le rendre le meilleur de tous les Princes. Que lui serviroit-il d'être beau, riche, d'avoir tous les Royaumes du monde, s'il étoit méchant. Vous savez bien qu'il seroit malheureux, & qu'il n'y a que la vertu qui puisse le rendre content. Vous avez bien raison, lui dit Candide; mais il n'est pas en mon pouvoir de rendre le Prince Chéri honnête-homme malgré lui: il faut qu'il travaille lui-même à devenir vertueux. Tout ce que je puis vous promettre, c'est de lui donner de bons conseils, de le reprendre de ses fautes & de le punir, s'il ne veut pas se corriger & se punir lui-même.

Le bon Roi fut fort content de cette promesse; il mourut peu de tems après. Le Prince Chéri pleura beaucoup son pere, car il l'aimoit de tout son cœur, & il auroit donné tous ses Royaumes, son or & son argent pour le sauver, si ces choses étoient capables de changer l'ordre du destin. Deux jours après la mort du bon Roi, Chéri étant couché, Candide lui apparut. J'ai promis à votre pere,

---

La Grenouille & le Bœuf.

UNE GRENOUILLE VOYANT UN JOUR UN BŒUF PRÈS D'ELLE, S'EFFORÇOIT, EN S'ENFLANT, DE L'ÉGALER EN GROSSEUR. ELLE Y CREVA LA PAUVRE BÊTE, ET DEVINT LE MODELE DE LA SOTTE VANITÉ D'AUJOURD'HUI.

lui dit-elle, d'être de vos amies, & pour tenir ma parole, je viens vous faire un présent. En même-tems elle mit au doigt de Chéri une petite bague d'or, & lui dit: gardez bien cette bague; elle est plus précieuse que les diamans: toutes les fois que vous ferez une mauvaise action, elle vous piquera le doigt; mais si, malgré sa piquûre, vous continuez cette mauvaise action, vous perdrez mon amitié, & je deviendrai votre ennemie. En finissant ces paroles, Candide disparut, & laissa Chéri fort étonné. Il fut quelque tems si sage, que la bague ne le piquoit point du tout; & cela le rendoit si content, qu'on ajouta au nom de Chéri qu'il portoit, celui d'Heureux.

Quelque tems après, il fut à la chasse, & il ne prit rien: ce qui le mit de mauvaise humeur. Il lui sembla alors que sa bague lui pressoit un peu le doigt; mais comme elle ne le piquoit pas, il n'y fit pas beaucoup d'attention. En rentrant dans sa chambre, sa petite chienne Bibi vint à lui en sautant pour le caresser. Il lui dit: retire-toi; je ne suis plus d'humeur de recevoir tes caresses. La pauvre petite chienne qui ne l'entendoit pas, le tiroit par

---

L'Écrevisse.

MARCHEZ DROIT, DISOIT L'ÉCREVISSE MERE A SA FILLE: ALLER A RECULONS! FI, CELA N'EST PAS BEAU. MA MERE, JE SEROIS FACHÉE DE VOUS CONTREDIRE EN RIEN; JE VOUS SUIVRAI, MAIS MARCHEZ, S'IL VOUS PLAIT, LA PREMIERE.

son

ſon habit pour l'obliger à la regarder au moins. Cela impatienta Chéri qui lui donna un grand coup de pied. Dans le moment la bague le piqua, comme ſi c'eût été une épingle. Il fut bien étonné, & s'aſſit tout honteux dans un coin de ſa chambre. Il diſoit en lui-même : je crois que la Fée ſe moque de moi ; quel grand mal ai-je fait en donnant un coup de pied à un animal qui m'importune ? à quoi me ſert d'être maître d'un grand Empire, puiſque je n'ai pas la liberté de battre mon chien ?

Je ne me moque pas de vous, dit une voix qui répondoit à la penſée de Chéri. Vous avez fait trois fautes, au lieu d'une ; vous avez été de mauvaiſe humeur, parce que vous n'aimez pas à être contredit, & que vous croyez que les bêtes & les hommes ſont faits pour obéir ; vous vous êtes mis en colere ; ce qui eſt fort mal : & puis, vous avez été cruel à un pauvre animal qui ne méritoit pas d'être maltraité. Je ſais que vous êtes beaucoup au-deſſus d'un chien ; mais ſi c'étoit une choſe raiſonnable & permiſe, que les grands puſſent maltraiter tout ce qui eſt au-deſſous d'eux, je pourrois à ce moment vous battre, vous tuer, puiſqu'une Fée eſt plus

---

Le Lion & le Rat.

UN JOUR UN LION PRIT UN RAT QU'IL LAISSA VIVRE. LUI-MÊME, QUELQUE TEMS APRÈS, FUT PRIS DANS UN FILET. LE RAT CHERCHE LES NŒUDS, LES RONGE ET DÉLIVRE LE LION. TOUT SERT ; NE DIS PAS CE N'EST RIEN.

qu'un homme. L'avantage d'être maître d'un grand Empire ne consiste pas à pouvoir faire le mal qu'on veut, mais tout le bien qu'on peut. Chéri avoua sa faute, & promit de se corriger; mais il ne tint pas sa parole. Il avoit été élevé par une sotte nourrice qui l'avoit gâté, quand il étoit petit. S'il vouloit avoir une chose, il n'avoit qu'à pleurer, se dépiter, frapper du pied; cette femme lui donnoit tout ce qu'il demandoit, & cela l'avoit rendu opiniâtre. Elle lui disoit aussi, depuis le matin jusqu'au soir, qu'il seroit Roi un jour, & que les Rois étoient fort heureux, parce que tous les hommes devoient leur obéir, les respecter, & qu'on ne pouvoit pas les empêcher de faire ce qu'ils vouloient.

Chéri devenu grand garçon & raisonnable, avoit bien connu qu'il n'y avoit rien de si vilain que d'être fier, orgueilleux, opiniâtre. Il avoit fait quelques efforts pour se corriger; mais il avoit pris la mauvaise habitude de tous ces défauts, & une mauvaise habitude est bien difficile à détruire. Ce n'est pas qu'il eût naturellement le cœur méchant. Il pleuroit de dépit, quand il avoit fait une faute, & il disoit: je suis bien malheureux d'avoir à combattre

---

La Lice & sa Compagne.

JE T'AI PRÊTÉ MA PLACE POUR FAIRE TES PETITS, DIT UNE LICE A L'AUTRE: ILS SONT NÉS, ILS SONT GRANDS: SORS. NON, DIT CELLE-CI: IL FAUT QUE LA FORCE ME CHASSE. GARDONS-NOUS DE DONNER AUCUN ACCÈS AUX MÉCHANTS.

tous les jours contre ma colere & mon orgueil : si on m'avoit corrigé quand j'étois jeune, je n'aurois pas tant de peine aujourd'hui. Sa bague le piquoit bien souvent. Quelquefois il s'arrêtoit tout court ; d'autres fois il continuoit ; & ce qu'il y avoit de singulier, c'est qu'elle ne le piquoit qu'un peu pour une légere faute ; mais quand il étoit méchant, le sang sortoit de son doigt. A la fin cela l'impatienta, & voulant être mauvais tout à son aise, il jetta sa bague. Il se crut le plus heureux de tous les hommes, quand il se fut débarrassé de ses piquûres. Il s'abandonna à toutes les sottises qui lui venoient dans l'esprit, en sorte qu'il devint très-méchant, & que personne ne pouvoit plus le souffrir.

Un jour que Chéri étoit à la promenade, il vit une fille qui étoit si belle, qu'il résolut de l'épouser. Elle se nommoit Zélie, & elle étoit aussi sage que belle. Chéri crut que Zélie se croiroit fort heureuse de devenir une grande Reine ; mais cette fille lui dit avec beaucoup de liberté : SIRE, je ne suis qu'une bergere, je n'ai point de fortune ; mais, malgré cela, je ne vous épouserai jamais. Est-ce que je vous déplais, lui demanda Chéri, un peu

---

La Puce & la Sang-sue.

LA PUCE SE PLAIGNOIT ET DISOIT A LA SANG-SUE : TU TE GORGES DE SANG, TU LE BOIS A LONGS TRAITS. MOI, POUR MOINS D'UNE GOUTE, ON M'ÉCRASE, ON ME TUE. MORT AUX PETITS VOLEURS : AUX GRANDS, HONNEUR ET PAIX.

émû ? Non, mon Prince, lui répondit Zélie. Je vous trouve tel que vous êtes, c'eſt-à-dire, fort beau ; mais que me ſerviroient votre beauté, vos richeſſes, les beaux habits, les carroſſes magnifiques que vous me donneriez, ſi les mauvaiſes actions que je vous verrois faire chaque jour, me forçoient à vous mépriſer & à vous haïr. Chéri ſe mit fort en colere contre Zélie, & commanda à ſes Officiers de la conduire de force dans ſon Palais. Il fut occupé toute la journée du mépris que cette fille lui avoit montré ; mais comme il l'aimoit, il ne pouvoit ſe réſoudre à la maltraiter.

Parmi les favoris de Chéri, il y avoit ſon frere de lait auquel il avoit donné toute ſa confiance. Cet homme qui avoit les inclinations auſſi baſſes que ſa naiſſance, flattoit les paſſions de ſon maître, & lui donnoit de très-mauvais conſeils. Comme il vit Chéri fort triſte, il lui demanda le ſujet de ſon chagrin. Ce Prince lui ayant répondu qu'il ne pouvoit ſouffrir le mépris de Zélie, & qu'il

---

Le Corbeau & le Renard.

CERTAIN CORBEAU TENOIT UN FROMAGE DANS SON BEC. LE RENARD VINT LUI DIRE : O, QUE VOUS CHANTEZ BIEN ! C'EST UN CHARME DE VOUS ENTENDRE. LE CORBEAU LE CROIT, CHANTE ET NE TIENT PLUS RIEN. QUI ÉCOUTE LES FLATEURS, N'EST PAS SAGE.

étoit résolu de se corriger de ses défauts, puisqu'il falloit être vertueux pour lui plaire, ce méchant homme lui dit : vous êtes bien bon de vouloir vous gêner pour une petite fille ; si j'étois à votre place, ajouta-t-il, je la forcerois bien à m'obéir. Souvenez-vous que vous êtes Roi, & qu'il seroit honteux de vous soumettre aux volontés d'une Bergere qui seroit trop heureuse d'être reçue parmi vos esclaves. Faites-la jeûner au pain & à l'eau ; mettez-la dans une prison, & si elle continue à ne vouloir pas vous épouser, faites-la mourir dans les tourmens, pour apprendre aux autres à céder à vos volontés. Vous serez déshonoré, si l'on sait qu'une simple fille vous résiste ; & tous vos sujets oublieront qu'ils ne sont au monde que pour vous servir. Mais, dit Chéri, ne serai-je pas déshonoré, si je fais mourir une innocente ? car enfin Zélie n'est coupable d'aucun crime. On n'est point innocent, quand on refuse d'exécuter vos volontés, reprit le confident : mais je suppose que vous commettiez une injustice, il vaut bien mieux qu'on vous en accuse, que d'apprendre qu'il est quelquefois permis de vous manquer de respect, & de vous con-

---

La Fourmi & la Mouche.

MISÉRABLE FOURMI, DISOIT FIÉREMENT LA MOUCHE ; VIL ANIMAL, QUE LE TRAVAIL FERA PÉRIR. POUR MOI LA BONNE CHERE, LE DOUX PLAISIR ET LA COUR. ADIEU, MOUCHE, DIT LA FOURMI : L'HIVER VIENDRA.

tredire. Le courtisan prenoit Chéri par son foîble ; & la crainte de voir diminuer son autorité, fit tant d'impression sur le Roi, qu'il étouffa le bon mouvement qui lui avoit donné envie de se corriger. Il résolut d'aller le soir même dans la chambre de la Bergere, & de la maltraiter, si elle continuoit à refuser de l'épouser. Le frere de lait de Chéri, qui craignoit encore quelque bon mouvement, rassembla trois jeunes Seigneurs aussi méchants que lui, pour faire la débauche avec le Roi ; ils souperent ensemble, & ils eurent soin d'achever de troubler la raison de ce pauvre Prince, en le faisant boire beaucoup. Pendant le souper ils exciterent sa colere contre Zélie, & lui firent tant de honte de la foîblesse qu'il avoit eue pour elle, qu'il se leva comme un furieux, en jurant qu'il alloit la faire obéir, ou qu'il la feroit vendre le lendemain comme une esclave.

Chéri étant entré dans la chambre où étoit cette fille, fut bien surpris de ne la pas trouver ; car il avoit la clé dans sa poche. Il étoit dans une colere épouvantable, & juroit de se venger sur tous

---

Le Lion malade & le Renard.

UN LION TOMBA MALADE. UN RENARD VENU POUR LE VOIR, SE TINT A L'ENTRÉE DE SA TANIERE, ET APPERCEVANT DES PAS SUR LA POUSSIERE ; PESTE, DIT-IL, TOUS MARQUENT BIEN COMME ON ENTRE, MAIS PAS UN COMME ON SORT.

ceux qu'il ſoupçonneroit d'avoir aidé Zélie à s'échapper. Ses confidents l'entendant parler ainſi, réſolurent de profiter de ſa colere, pour perdre un Seigneur qui avoit été Gouverneur de Chéri. Cet honnête homme avoit pris quelquefois la liberté d'avertir le Roi de ſes défauts; car il l'aimoit, comme ſi c'eût été ſon fils. D'abord Chéri le remercioit; enſuite il s'impatienta d'être contredit, & puis il penſa que c'étoit par eſprit de contradiction que ſon Gouverneur lui trouvoit des défauts, pendant que tout le monde lui donnoit des louanges. Il lui commanda donc de ſe retirer de la Cour; mais, malgré cet ordre, il diſoit de tems en tems que c'étoit un honnête homme, qu'il ne l'aimoit plus, mais qu'il l'eſtimoit, malgré lui-même. Les confidents craignoient toujours qu'il ne prît fantaiſie au Roi de rappeller ſon Gouverneur, & ils crurent avoir trouvé une occaſion favorable pour l'éloigner. Ils firent entendre au Roi que Suliman (c'étoit le nom de ce digne homme) s'étoit vanté de rendre la liberté à Zélie: trois hommes corrompus par des préſens, dirent qu'ils avoient ouï tenir ce diſcours à Suliman; & le Prince, transporté de

---

L'Oracle & le Roi.

UN ROI ENTENDIT JADIS CET ORACLE ADMIRABLE. POUR N'ÊTRE QUE LOUÉ, FAIS TOUT CE QUE TU VOUDRAS; MAIS POUR QUE TU MÉRITES DE L'ÊTRE VRAIMENT, PRENDS TOUJOURS BIEN GARDE A CE QUE TU FERAS.

colere ; commanda à ſon frere de lait d'envoyer des ſoldats pour lui amener ſon Gouverneur enchaîné comme un criminel.

Après avoir donné ces ordres, Chéri ſe retira dans ſa chambre : mais à peine y fut-il entré que la terre trembla. Il fit un grand coup de tonnerre, & Candide parut à ſes yeux. J'avois promis à votre pere, lui dit-elle d'un ton ſévere, de vous donner des conſeils & de vous punir, ſi vous refuſiez de les ſuivre : vous les avez mépriſés, ces conſeils ; vous n'avez conſervé que la figure d'homme, & vos crimes vous ont changé en un monſtre, l'horreur du Ciel & de la terre. Il eſt tems que j'acheve de ſatisfaire à ma promeſſe, en vous puniſſant. Je vous condamne à devenir ſemblable aux bêtes dont vous avez pris les inclinations. Vous vous êtes rendu ſemblable au lion, par la colere ; au loup, par la gourmandiſe ; au ſerpent, en déchirant celui qui avoit été votre ſecond pere ; au taureau, par votre brutalité. Portez dans votre nouvelle figure le caractere de tous ces animaux. A peine la Fée avoit-elle achevé ces paroles, que Chéri ſe vit avec horreur tel qu'elle l'avoit

---

Le Prince & le Berger.

UN PRINCE ÉLOIGNÉ DE SA SUITE, ENTRA CHEZ UN BERGER ET LUI DIT : COMMENT VIS-TU ? JE VIS CONTENT ET JOYEUX COMME UN ROI ; MON TROUPEAU EST MON PEUPLE, JE SUIS HEUREUX QUAND JE LE VOIS : PLUS IL EST GRAS, PLUS JE PROFITE.

ſouhaité. Il avoit la tête d'un lion, les cornes d'un taureau, les pieds d'un loup & la queue d'une vipere. En même tems, il ſe trouva dans une grande forêt, ſur le bord d'une fontaine où il vit ſon horrible figure; & il entendit une voix qui lui dit : regarde attentivement l'état où tu t'es réduit par tes crimes. Ton ame eſt devenue mille fois plus affreuſe que ton corps. Chéri reconnut la voix de Candide, & dans ſa fureur, il ſe retourna pour s'élancer ſur elle & la dévorer, s'il lui eût été poſſible; mais il ne vit perſonne, & la même voix lui dit : je me moque de ta foibleſſe & de ta rage; je vais confondre ton orgueil, en te mettant ſous la puiſſance de tes propres ſujets.

Chéri crut qu'en s'éloignant de cette fontaine, il trouveroit du remede à ſes maux, puiſqu'il n'auroit point devant ſes yeux ſa laideur & ſa difformité. Il s'avançoit donc dans le bois; mais à peine y eut-il fait quelques pas, qu'il tomba dans un trou qu'on avoit fait pour prendre les ours; en même tems des chaſſeurs qui étoient cachés ſur des arbres, deſcendirent & l'ayant enchaîné, le conduiſirent dans la Ville capitale de ſon Royaume.

Le Loup & la Brebis.

BELLE BREBIS, DISOIT UN LOUP QUI CHERCHOIT CURÉE, CHASSEZ CE BERGER, CE PÉDANT : QUOI, VOUS SUIVRA-T-IL TOUJOURS? ÊTES-VOUS UN ENFANT? LA BREBIS FUT ASSEZ FOÎBLE POUR CROIRE LE LOUP; ELLE FUT DÉVORÉE.

Pendant le chemin, au lieu de reconnoître qu'il s'étoit attiré ce châtiment par sa faute, il maudissoit la Fée, il mordoit ses chaînes & s'abandonnoit à la rage. Lorsqu'il approcha de la Ville où on le conduisoit, il vit de grandes réjouissances; & les chasseurs ayant demandé ce qui étoit arrivé de nouveau, on leur dit que le Prince Chéri qui ne se plaisoit qu'à tourmenter son peuple, avoit été écrasé dans sa chambre par un coup de tonnerre, car on le croyoit ainsi. Les Dieux, ajouta-t-on, n'ont pu supporter l'excès de ses méchancetés, ils en ont délivré la terre. Quatre Seigneurs, complices de ses crimes, croyoient en profiter & partager son Empire entr'eux : mais le peuple qui savoit que c'étoient leurs mauvais conseils qui avoient gâté le Roi, les a mis en pieces, & a été offrir la couronne à Suliman que le méchant Chéri vouloit faire mourir. Ce digne Seigneur vient d'être couronné, & nous célébrons ce jour comme celui de la délivrance du Royaume; car il est vertueux & va ramener parmi nous la paix & l'abondance.

Chéri soupiroit de rage en écoutant ce discours;

Le Cerf qui se mire dans l'eau.

UN CERF QUI SE MIROIT DANS UNE EAU CLAIRE, MÉPRISOIT SA JAMBE, ET VANTOIT BEAUCOUP SON BOIS. MAIS UN JOUR PRESSÉ PAR DES CHASSEURS ET ARRÊTÉ PAR SA RAMURE : AH, DIT-IL, QUE L'ON JUGE SOUVENT AVEC PEU D'ÉQUITÉ !

mais ce fut bien pis, lorſqu'il arriva dans la grande place qui étoit devant ſon Palais. Il vit Suliman ſur un trône ſuperbe, & tout le peuple qui lui ſouhaitoit une longue vie, pour réparer tous les maux qu'avoit faits ſon Prédéceſſeur. Suliman fit ſigne de la main pour demander ſilence, & il dit au peuple : j'ai accepté la couronne que vous m'avez offerte, mais c'eſt pour la conſerver au Prince Chéri ; il n'eſt point mort, comme vous le croyez ; une Fée me l'a révélé, & peut-être qu'un jour vous le reverrez vertueux comme il étoit dans ſes premieres années. Hélas ! continua-t-il, en verſant des larmes, les flatteurs l'avoient ſéduit. Je connoîſſois ſon cœur, il étoit fait pour la vertu ; & ſans les diſcours empoiſonnés de ceux qui l'approchoient, il eût été votre pere à tous. Déteſtez ſes vices ; mais plaignez-le, & prions tous enſemble les Dieux qu'ils nous le rendent : pour moi je m'eſtimerois trop heureux d'arroſer ce trône de mon ſang, ſi je pouvois l'y voir remonter avec des diſpoſitions propres à le lui faire remplir dignement.

Les paroles de Suliman allerent juſqu'au cœur

Le Porc-Épic & le Loup.

O MON CHER PORC-ÉPIC, DISOIT UN LOUP SANGUINAIRE : TU SEROIS BEAU SANS TES PIQUANTS ; CROIS-MOI, TU DEVROIS T'EN DÉFAIRE. OUI, LUI RÉPONDIT LE PORC-ÉPIC, MAIS QUAND LES LOUPS AURONT QUITTÉ LEURS DENTS.

de Chéri. Il connut alors combien l'attachement & la fidélité de cet homme avoient été sinceres, & il se reprocha ses crimes pour la premiere fois. A peine eut-il écouté ce bon mouvement, qu'il sentit calmer la rage dont il étoit animé : il réfléchit sur tous les crimes de sa vie, & trouva qu'il n'étoit pas puni aussi rigoureusement qu'il l'avoit mérité. Il cessa donc de se débattre dans sa cage de fer où il étoit enchaîné, & devint doux comme un mouton. On le conduisit dans une grande maison (Ménagerie) où l'on gardoit tous les monstres & les bêtes féroces, & on l'attacha avec les autres. Chéri alors prit la résolution de commencer à réparer ses fautes, en se montrant bien obéissant à l'homme qui le gardoit. Cet homme étoit un brutal, & quoique le monstre fut fort doux, quand il étoit de mauvaise humeur, il le battoit sans raison. Un jour que cet homme s'étoit endormi, un tigre qui avoit rompu sa chaîne, se jetta sur lui pour le dévorer. D'abord Chéri sentit un mouvement de joie de voir qu'il alloit être délivré de son persécuteur; mais aussi-tôt il condamna ce mouvement, & souhaita d'être libre. Je rendrois, dit-il, le

---

L'Avare qui a perdu son trésor.

MON OR EST PRIS, CRIOIT UN AVARE EN FUREUR, MON OR QUE JE CONSERVOIS PLUS PRÉCIEUSEMENT QUE MA VIE : JAMAIS JE N'Y TOUCHOIS. ET BIEN, LUI DIT UN PASSANT, RAMASSEZ QUELQUES COQUILLES; ELLES VOUS VAUDRONT TOUT AUTANT.

bien pour le mal, en ſauvant la vie de ce malheureux. A peine eut-il formé ce ſouhait, qu'il vit ſa cage de fer ouverte : il s'élança aux côtés de cet homme qui s'étoit réveillé, & qui ſe défendoit contre le tigre. Le gardien ſe crut perdu, lorſqu'il vit le monſtre; mais ſa crainte fut bientôt changée en joie : ce monſtre bienfaiſant ſe jetta ſur le tigre, l'étrangla & ſe coucha enſuite aux pieds de celui qu'il venoit de ſauver. Cet homme, pénétré de reconnoîſſance, voulut ſe baiſſer pour carreſſer le monſtre qui lui avoit rendu un ſi grand ſervice; mais il entendit une voix qui diſoit : *une bonne action ne demeure jamais ſans récompenſe*, & en même-tems il ne vit plus qu'un joli chien à ſes pieds. Chéri, charmé de ſa métamorphoſe, fit mille careſſes à ſon Gardien qui le mit entre ſes bras & le porta au Roi auquel il raconta cette merveille. La Reine voulut avoir le chien, & Chéri ſe fut trouvé heureux dans ſa nouvelle condition, s'il eût pu oublier qu'il étoit homme & Roi. La Reine l'accabloit de carreſſes; mais dans la peur qu'elle avoit qu'il devînt plus grand qu'il n'étoit, elle conſulta ſes Médecins qui lui

---

L'Aigle & la Pie.

UN JOUR LA PIE VINT SE PRÉSENTER POUR SERVIR L'AIGLE, ET AUSSI-TÔT ELLE SE MIT A FAIRE SON CAQUET. C'EST BIEN ASSEZ, LUI DIT L'AIGLE; ALLEZ, MA BONNE, CHERCHER AILLEURS : GENS CAUSEURS NE SONT NULLEMENT MON FAIT.

dirent, qu'il ne falloit le nourrir que de pain, & ne lui en donner qu'une certaine quantité. Le pauvre Chéri mouroit de faim la moitié de la journée; mais il falloit prendre patience.

Un jour qu'on venoit de lui donner son petit pain pour déjeûner, il lui prit fantaisie d'aller le manger dans le jardin du Palais; il le prit dans sa gueule, & marcha vers un canal qu'il connoissoit & qui étoit un peu éloigné; mais il ne trouva plus ce canal, & vit à la place une grande maison dont les dehors brilloient d'or & de pierreries. Il y voyoit entrer une grande quantité d'hommes & de femmes magnifiquement habillés: on chantoit, on dansoit dans cette maison, on y faisoit bonne chere; mais tous ceux qui en sortoient, étoient pâles, maigres, couverts de plaies & presque tout nuds: car leurs habits étoient déchirés par lambeaux. Quelques-uns tomboient morts en sortant, sans avoir la force de se traîner plus loin: d'autres s'éloignoient avec beaucoup de peine: d'autres restoient couchés contre terre, mourant de faim; ils demandoient un morceau de pain à ceux qui entroient dans cette maison; mais ils ne les re-

---

L'Aveugle conduit à la Cour.

UN AVEUGLE EST CONDUIT POUR AFFAIRES A LA COUR. VOTRE ENNUI, LUI DISOIT-ON, DOIT ÊTRE BIEN GRAND. IL EST VRAI, RÉPONDIT L'AVEUGLE; MAIS ENFIN, AU FOND DE MA MISERE, JE VOIS, COMME TOUS LES ROIS, AVEC LES YEUX D'AUTRUI.

gardoient pas ſeulement. Chéri s'approcha d'une jeune fille qui tâchoit d'arracher des herbes pour les manger. Touché de compaſſion, le Prince dit en lui-même : j'ai bon apétit, mais je ne mourrai pas de faim juſques au tems de mon dîner; ſi je ſacrifiois mon déjeûner à cette pauvre créature, peut-être lui ſauverois-je la vie. Il réſolut de ſuivre ce bon mouvement, & mit ſon pain dans la main de cette fille qui le porta à ſa bouche avec avidité. Elle parut bientôt entiérement remiſe, & Chéri ravi de joie de l'avoir ſecourue ſi à propos, penſoit à retourner au Palais, lorſqu'il entendit de grands cris. C'étoit Zélie entre les mains de quatre hommes qui l'entraînoient vers cette belle maiſon où ils la forcerent d'entrer. Chéri regretta alors ſa figure de monſtre qui lui auroit donné les moyens de ſecourir Zélie; mais, foible chien, il ne put qu'aboyer contre ſes raviſſeurs, & s'efforça de les ſuivre. On le chaſſa à coups de pieds, & il réſolut de ne point quitter ce lieu, pour ſavoir ce que deviendroit Zélie. Il ſe reprochoit les malheurs de cette belle fille. Hélas! diſoit-il en lui-même, je ſuis irrité contre

---

Le Riche & le Savant.

UN RICHE, FIER DE SON OPULENCE ET SANS CRAINDRE L'AVENIR, MÉPRISOIT UN HOMME DE SCIENCE. LA GUERRE RÉDUISIT LE RICHE A LA MANDICITÉ, TANDIS QUE LE SAVANT FUT TOUJOURS BIEN TRAITÉ ET BIEN REÇU PAR-TOUT.

ceux qui l'enlevent ; n'ai-je pas commis le même crime ? Et si la justice des Dieux n'avoit prévenu mon attentat, ne l'aurois-je pas traitée avec autant d'indignité ?

Les réflexions de Chéri furent interrompues par un bruit qui se faisoit au-dessus de sa tête. Il vit qu'on ouvroit une fenêtre, & sa joie fut extrême lorsqu'il apperçut Zélie qui jettoit par cette fenêtre un plat plein de viandes si bien apprêtées, qu'elles donnoient apétit à voir. On referma la fenêtre aussi-tôt, & Chéri qui n'avoit pas mangé de toute la journée, crut qu'il devoit profiter de l'occasion. Il alloit donc manger de ces viandes, lorsque la jeune fille à laquelle il avoit donné son pain, jetta un cri, & l'ayant pris dans ses bras : pauvre petit animal, lui dit-elle, ne touche point à ces viandes ; cette maison est le Palais de la volupté : tout ce qui en sort est empoisonné. En même tems, Chéri entendit une voix qui disoit : tu vois qu'une bonne action ne demeure point sans récompense ; & aussi-tôt il fut changé en un beau petit pigeon blanc. Il se souvint que cette couleur étoit celle de Candide, & commença à espérer qu'elle pourroit

---

Le Conquérant & le Corsaire.

Un Conquérant sur mer ayant rencontré un Corsaire, le traita de voleur. Celui-ci, homme franc, lui dit : je suis voleur, parce que je n'ai qu'une frégate, si j'avois comme toi cent vaisseaux, je serois Conquérant.

enfin

enfin lui rendre ses bonnes graces. Il voulut d'abord s'approcher de Zélie, & s'étant élevé en l'air, il vola tout au tour de la maison, & vit avec joie qu'il y avoit une fenêtre ouverte; mais il eut beau parcourir toute la maison, il n'y trouva point Zélie, & désespéré de sa perte, il résolut de ne point s'arrêter qu'il ne l'eût rencontrée. Il vola pendant plusieurs jours; & étant entré dans un désert, il vit une caverne de laquelle il s'approcha. Quelle fut sa joie! Zélie y étoit assise à côté d'un vénérable Hermite, & prenoit avec lui un frugal repas.

Chéri transporté vola sur l'épaule de cette charmante bergere, & exprimoit par ses caresses le plaisir qu'il avoit de la voir. Zélie charmée de la douceur de ce petit animal, le flattoit doucement avec la main, & quoiqu'elle crût qu'il ne pouvoit l'entendre, elle lui dit qu'elle acceptoit le don qu'il lui faisoit de lui-même, & qu'elle l'aimeroit toujours. Qu'avez-vous fait, Zélie? lui dit l'Hermite: vous venez d'engager votre foi. Oui, charmante Bergere, lui dit Chéri, qui reprit à ce moment sa forme naturelle, la fin de ma métamor-

---

Le Chêne & le Roseau.

UN GROS CHÊNE MÉPRISOIT UN ROSEAU TENDRE ET FOÎBLE, ET LUI DISOIT QU'IL PLIOIT AU MOINDRE VENT. UNE VIOLENTE TEMPÊTE DÉRACINA LE CHÊNE ET LE FIT TOMBER. SOUVENT IL VAUT MIEUX PLIER QUE VOULOIR SE DÉFENDRE.

phoſe étoit attachée au conſentement que vous donneriez à nòtre union. Vous m'avez promis de m'aimer toujours ; confirmez mon bonheur, ou je vais conjurer la Fée Candide, ma protectrice, de me rendre la figure ſous laquelle j'ai eu le bonheur de vous plaire. Vous n'avez point à craindre ſon inconſtance, lui dit Candide, qui quittant la forme de l'Hermite ſous laquelle elle s'étoit cachée, parut à leurs yeux telle qu'elle étoit en effet. Zélie vous aima auſſi-tôt qu'elle vous vit ; mais vos vices la contraignirent à vous cacher le penchant que vous lui aviez inſpiré. Le changement de votre cœur lui donne la liberté de ſe livrer à toute ſa tendreſſe. Vous allez vivre heureux, puiſque votre union ſera fondée ſur la vertu.

Chéri & Zélie s'étoient jettés aux pieds de Candide. Le Prince ne pouvoit ſe laſſer de la remercier de ſes bontés, & Zélie enchantée d'apprendre que le Prince déteſtoit ſes égaremens, lui confirmoit l'aveu de ſa tendreſſe. Levez-vous, mes enfans, leur dit la Fée : je vais vous transporter dans votre Palais, pour rendre à Chéri une couronne de laquelle ſes vices l'avoient rendu indigne.

Le Laboureur & ſes Enfans.

UN PERE HABILE DISOIT A SES ENFANS : FOUILLEZ BIEN DANS CE CHAMP, UN TRÉSOR Y EST CACHÉ QUELQUE PART. LE CHAMP BÊCHÉ VINGT FOIS N'EN DEVINT QUE PLUS FERTILE. LE TRAVAIL EST TOUJOURS UN TRÉSOR ASSURÉ.

A peine eut-elle cessé de parler, qu'ils se trouverent dans la chambre de Suliman, qui, charmé de revoir son cher maître devenu vertueux, lui abandonna le trône & resta le plus fidele de ses sujets. Chéri régna long-tems avec Zélie, & on dit qu'il s'appliqua tellement à ses devoirs, que la bague qu'il avoit reprise, ne le piqua pas une seule fois jusqu'au sang.

RÉFLÉXIONS.

CE N'EST POINT L'ÉPÉE QUI DOMPTE LA COLERE DES AUTRES, MAIS LA PAROLE DOUCE ET HUMBLE. QUAND ILS CRIENT, NOUS CRIONS NOUS-MÊMES; NOUS EMPLOYONS LES INJURES, LES MENACES ET LES MOYENS VIOLENTS POUR LES FAIRE TAIRE, ET NOUS OUBLIONS QU'IL NE FAUT QU'UN MOT DE DOUCEUR ET DE CIVILITÉ.

UNE LANGUE DOUCE, DISCRETE ET ÉLOQUENTE EST L'ARBRE DE VIE DANS LA MAISON ET DANS LA COMPAGNIE OU ELLE EST. CHACUN EN TIRE DES FRUITS DE CONSOLATION ET DES REMEDES POUR LES INQUIÉTUDES ET POUR LES AUTRES MALADIES INTÉRIEURES. ELLE GUÉRIT TOUTES LES PLAIES

DE NOTRE AME; MAIS LA LANGUE TÉMÉRAIRE EST UNE ÉPÉE QUI LA BLESSE, ET QUI PAR SES PAROLES INCONSIDÉRÉES LUI PORTE DES COUPS MORTELS JUSQU'AU FOND DU CŒUR.

IL Y A CERTAINES GENS DONT LA SCIENCE EST DE SAVOIR TOUT CE QU'IL Y A DE HONTEUX DANS LA MAISON ET DANS LA VIE DE CHAQUE PERSONNE, ET DONT L'EMPLOI EST D'EN PARLER SANS CESSE, ET DE LE PUBLIER PAR-TOUT.

C'EST ÊTRE BIEN SAGE QUE D'ÉVITER LA RENCONTRE DE CES GENS-LÀ.

TABLE

Qui indique le moyen de lier les mots. Il sera bon que les Enfans la parcourent plusieurs fois, & après, on leur fera exécuter les liaisons dans le cours d'une lecture quelconque.

bien utile	*se prononce comme*	bien-n'utile.
mes amis	. . . .	mes-z'amis.
elle arrive	. . . .	el-l'arrive.
doit être	. . . .	doi-t'être.

ſon habit	ſon-n'habit.
deux épées	deux-z'épées.
trop entêté	tro-p'entêté.
l'un & l'autre	l'un-n'et l'autre.
grand homme	grand-t'homme.
dix écus	dix-z'écus.
très-habile	très-z'habile.
on enſeigne	on-n'enſeigne.
aux autres	aux-z'autres.
en étourdi	en-n'étourdi.
après avoir	après-z'avoir.
un inſenſé	un-n'inſenſé.
cinq aſſiettes.	cinq-qu'aſſiettes.
avec eſprit	avec-qu'eſprit.
pas étonnant	pas-z'étonnant.
neuf ans	neuf-v'ans.

AVIS.

La lecture du Latin n'est pas difficile pour les Enfans qui ont appris celle du François par cette méthode. Comme il n'y a que quelques sons à changer, il ne leur faut ordinairement guere plus de huit ou dix leçons, pour qu'ils le lisent couramment; mais on recommande de ne les y faire passer que lorsqu'ils sont bien affermis dans la lecture du François.

On leur fera observer que toutes les lettres finales, ou figures, se font sentir dans la prononciation latine.

TABLE

Des Sons Latins.

Un dé	e œ æ	Un raisin	en ens ent
Une veste	est	Un	unc nunc
Une abesse	es		tunc cunc hunc
Une ville	ill	Un cha*ssis*	ti
Une fourchette	& et	Une perru *que*	ch
Un homme	um om	Du su *cre*	chr
	am em im	Un ambi *gu*	gu
Une danse	ans ins ons	Des fa *gots*	gu
	ant int ont	Un é *cu*	qu
Une canne	an en in on	Des abri *cots*	qu
Un mouton	un uns unt	Gn *comme* guene	gn

Répétition des mêmes Sons.

Premier Ordre.

unt eſt hunc gu int em un e ant om ti es nunc an ons œ on uns ch ens ill tunc ans am qu æ in chr & im et en gn ent cunc um ins ont unc.

Second Ordre.

gu un om hunc an œ on um am in & ent unc et ont nunc eſt em ant es ons ens tunc æ chr uns en ins unt int e ti qu gn cunc ch ill im ans.

SYLLABES LATINES

Dans leſquelles chaque terminaiſon eſt exprimée pluſieurs fois, afin d'affermir promptement les Enfans ſur la lecture des mots latins, même les plus difficiles.

e

be fe ge le cre fle pe me tre de cle je fre ne ple dre phe ſe bre ve te pre gle ſpe ſte ſtre vre ble re ƈte xe ze pte.

œ

bœ fœ jœ lœ crœ flœ pœ mœ trœ dœ clœ frœ nœ plœ.

æ

dræ præ ſæ bræ væ tæ præ glæ ſpæ ſtæ græ vræ blæ ræ ctæ xæ

es

bes ſes ges les cres ſles pes mes tres des cles fres nes ples dres phes ſes bres ves tes pres gles ſpes ſtes ſtres gres vres bles res ctes xes zes ptes jes.

ill

illam illas ille illa illos illud illic illum illius illinc illæ illis illes illuc illorum illarum illæ.

eſt

beſt feſt geſt leſt creſt fleſt peſt meſt treſt deſt cleſt freſt.

qu *comme* co

quo qua quam quas quos quot quod quat qua quant quar quum quam quunt quum quant quos quas quam quod qua quar quo quunt quod quat quant quot quum quos quas quod quant qua quar quunt quat quot quam quo.

qu *comme* cu

qui quem quinque quid quæ quis quent quens quit ques quim quint quet quin que quens quint quæ qui quin quid quit quim ques quis quet quem que ques quens quid quis quin quem quent quæ quet qui.

ch

ch

cha chi chu chunt chim chor chas chos chans chis che cho chant cham chir cher chem chans cher chum chæ chunt.

chr

chre chris chram chras chrunt chri chres chrum chris chros chrons chret chrus chrans chret chrens chro chres chram chron chræ chrent chrunt.

gu *comme* guu

gue gues guem guim guens gui guæ guent gues guæ guem guens guet guen gue gues guent guim guem.

gu *tantôt* guu *tantôt* go

guam guas gunt guant gua guans guo gunt guax guat guar guant guas guat guans guam gua guant guos guax guo gunt.

am

guam nam plam dram pham ſam bram vam tam pram glam ſquam chram quam.

em

ſpem ſtem ſtrem chrem grem quem vrem rem blem ctem zem xem bem ſem ptem guem.

im

lim gim chim crim gnim ſlim chrim pim mim trim quim dim clim frim guim nim ſquim.

gn

gna gni gnens gnet gne gnu gno gner gnunt gnes gnæ gnam gnis gnent gnim gnans gnem gnant gnos gnunt gnas gnus gnum gnat gnem gnent gnis gnas gnam gnæ gnens gnum gnet gnes gnat.

unc *comme* unque

unc nunc tunc cunc hunc hac hæc hic hoc huc hinc nunc hanc illinc tunc illuc iſtuc illic hunc illinc hæc tunc hac illuc cunc hoc tunc iſtinc hanc nunc.

ti *comme* ci

tia tiæ tiam tiis tiarum tias tium tii tius tio tiens tians ties tiu tiem tiim tie tios tient tium tiæ tiunt tians ties tii tient tiam tiint tiunt tiens tient tiem ties.

om

plom drom phom guom ſom brom vom tom prom glom ſquom ſpom chom ſtom ſtrom chrom grom quom gnom.

um

blum rum ctum ptum xum ſum brum vum rum prum cum glum ſquum ſpum ſtum grum quum vrum ſtrum bum fum guum lum chum crum gnum flum pum mum chrum gnum cum plum.

an

vran blan chran ran ctan guan zan ptan xan

ban fan gan lan chan quan cran van ſlan pan ſquan chan.

en

men tren den chren clen fren guen nen plen dren phen chen ſen quen bren ven ten pren glen ſquen gnen.

in

ſpin ſtin grin ſtrin quin vrin blin rin ctin xin guin chrin gnin zin ptin bin fin gin lin.

on

chon cron gnon chron ſlon pon mon tron don non clon fron guon plon dron phon quon ſon lon ſquon.

un

bun fun gun lun cun crun gnun chun ſlun pun mun trun dun clun frun guun ſun run lun.

et

net tet gret chet gnet det quet met plet ſtet get guet ſet blet cet cret.

ans

nans plans drans phans ſans chrans brans vans tans prans glans ſquans ſpans ſtans grans bans gnans ſtrans plans.

ant

prant glant ſquant ſpant grant quant gnant ſtant vrant ſtrant blant cant guant vant chrant ctant tant xant ptant zant gant bant.

ens

quens vrens blens rens chrens ctens xens zens ptens bens fens tens gens lens chens crens gnens plens dens.

ent

bent fent gent lent chent crent gnent flent pent ment trent dent clent chrent frent guent nent ſtent phent flent.

int

plint drint phint ſint chrint brint vint tint pint glint guint ſpint grint ſtint quint vrint.

unt

blunt runt chrunt ctunt xunt zunt ptunt bunt funt guunt lunt chunt crunt gnunt flunt punt munt trunt dunt clunt frunt guunt nunt plunt drunt phunt crunt brunt vunt tunt prunt glunt ſquunt ſpunt ſtunt quunt ſunt.

ons

flons pons mons trons dons clons frons guons nons plons fons gons drons chons phons ſons brons vons tons.

PIÉCE DE LECTURE,

Dans laquelle toutes les Terminaiſons Latines ſont repétées par différents mots.

Vide charitatibus villam ſatiatur qui familiæ chriſtianis eſt columnam veniet prudentiæ quo & timebunt cœleſtibus hac chriſtianus reverentiam nunc languidus dicens experientiis noctem ſedes legerint ineptias in chorus exundantem confluentium fulgent vim potius probationum amant omnes hæc non mutaverunt negotiantem cum mutans magnus lumen nunc an linguam reverentiam.

Germinare euchariſtia humillimas abſentia notæ quem & chriſte columbam amet adoleſcentiæ legunt hic cœleſtium qua chriſtum inſolentiam tunc languens violentiis docens ſeptem comes docuerint impatientias mons fecunditate chori viventium legent audiverim diutius credant communis hoc delineationis nonne adeuntium negotiantium putans magnum ſemen tunc annus linguas erunt abſentia.

Generatio machinabatur illæ ſentiamur quin præſentium chriſtianos eſt huc facundiam licet magnificentiæ audiunt cœcarum quam antichriſtum malitiam hunc languet legens & opulentiis languentem dies ſint delitias fons loquuntur choro præſentium mulcent docuerim citius hac ignorant expectatio omnia nonnullus morbum negotiantibus amans magnopere nomen fuerunt hunc annales linguarum.

Eatur chartarius ancillas ingentia alioquin ſententiæ chriſtus & miſericordiam leget juſtitiæ poſſunt cœnobia quas ſunt chronologum nequitiam cunctandus languefecit rigens hominem & muniſicentiarum Anchiſes fuerint licentias in hæc voluntas & chorum vitii celebrent legerim ſanctius exiſtimant commune nonnunquam explorationem ſummum negotianti exaltans magnificum crimen cunctandus anne linguans ſcierunt.

Procedit chelidoniæ illa vitia que politicæ chriſtianum eſt quoniam deprimeret triſtitiæ induxerunt cœlicolis quot chriſtinam cunctantis ſanguis ſcientiam avaritiarum potens nationem feles poſſint reverentias ſons obſequuntur choræ ſolatii reſpondent ſitim amputarunt præſtantius doceant commune patientiam nonnuſquam & lumbum hic negotiatio flamen magnificat conantem nunc annexus linguantis.

Fidei chiromantiis facillimum præſtantia quæ ezechiæ taceret chriſtianiſſimum & burgundiam elegantiæ deducunt quod cœliferarum chrombum pœnitentiam cunctatio ſanguinis cupiens invidiarum æmulationem miles conſignaverint conſcientias pons hoc nunquam choris ſilentii poſſent eſt ſecurim potentius parant omnium merſerunt patientes nonnulli clamans plumbum negotiatrium dedignatur cognomen cunctantis & annona linguantem.

Acceperant chorda millibus pugnantia aliquem eliſæum chrema eſt tædam digereret gratiæ violarunt cœnaculis aliquot chriſtianiſſimum ſapientiam tunc ſanguinum & videns abundantiarum fundatorum doces audiverint nuptias in eundum chorda pretii ſuperent diligerim propitius huc cum laborant omne patientem non quoties lacrimans expugnabunt carmen tunc annotat linguantes fleverunt.

Itaque chromatis illud luctantia quid ignorantiæ chriſma & etiam ambularet impudentiæ pereunt aliquod chronicam ſententiam cunctatus langueſcens hac ridens indulgentiarum generationem leges conſonuerint imperantium mons eundem chordam exitii diſſimulent abjecerim ſapientius omnipotens notant patiendi non etiam hæc meum toties magnificentia fœdarunt eſt rigans agmen cunctatio annua linguantibus.

Quotidie chorus illam patientia quiſque tractandæ chriſmatis eſt priſtinam imprimeret malitiæ reſponderunt cœnationibus quondam chriæ ſolertiis cunctantur languide cadens opulentiarum eundem dulces laboraverint laudantium fons & ſtabiliuntur charus flagitii relinquent exploraverim cum latius exarant eſt omnipotentis patiens non idem poſſunt noſtrum quoties flagrans pugnavit certamen hunc annulus linguas amen.

TABLE DES ABRÉVIATIONS

Uſitées tant dans le Latin que dans le François, & ſur-tout dans la Gazette; rangées ſelon l'ordre Alphabétique.

J. C. Jeſus-Chriſt.
L. M. Leurs Majeſtés, en parlant du Roi & de la Reine.
L. H. P. Leurs Hautes-Puiſſances, en parlant de la Hollande, que l'on appelle encore les États Généraux.
Mgr. Monſeigneur.
M^{r}. Monſieur.
M^{e}. Maître.
M^{re}. Meſſire.
Mme. Madame.
Mlle. Mademoiſelle.
N. D. Notre Dame, c'eſt-à-dire, la ſainte Vierge.
N. S. J. C. Notre Seigneur Jeſus-Chriſt.
Le P. R. Le Prince Royal. C'eſt ainſi qu'on appelle le fils aîné du Roi de Pologne & du Roi de Pruſſe.
La R. P. R. La religion prétendue réformée.
S. A. Son Alteſſe. Qualité qu'on donne aux Princes & Princeſſes.
S. A. E. Son Alteſſe Électorale. Titre qu'on donne aux Princes électeurs de l'Empire.
S. A. R. Son Alteſſe Royale. Titre qu'on donne aux Électeurs qui ſont Rois, quand on ne les conſidere que comme Électeurs, & aux Princes & Princeſſes du Sang.
S. A. S. Son Alteſſe Séréniſſime.
S. E^{m}. Son Éminence. Qualité d'un Cardinal.
S. E^{x}. Son Excellence. Titre qu'on donne aux Ambaſſadeurs & aux Maréchaux de France.
S. G. Sa Grandeur. Titre d'un Evêque & d'un Archevêque.

S. H. Sa Hauteſſe, l'Empereur des Turcs.
S. M. Sa Majeſté ou le Roi.
S. M. Brit. Sa Majeſté Britanique, le Roi d'Angleterre.
S. M. C. Sa Majeſté Catholique, le Roi d'Eſpagne.
S. M. T. C. Sa Majeſté Très-Chrétienne, le Roi de France.
S. M. Dan. Sa Majeſté Danoiſe, le Roi de Danemarck.
S. M. Imp. Sa Majeſté Impériale, l'Empereur.
S. M. Nap. Sa Majeſté Napolitaine, le Roi de Naples.
S. M. Pol. Sa Majeſté Polonoiſe, le Roi de Pologne.
S. M. Port. Sa Majeſté Portugaiſe, le Roi de Portugal.
S. M. Suéd. Sa Majeſté Suédoiſe, le Roi de Suéde.
S. S. Sa Sainteté, ou le Pape.
Ant. Antienne.
Ibid. Ibidem, *ou* le même.
Pſ. Pſeaume.
℣. Verſet.
℟. Répond.

Abréviations Latines.

Ant. Antiphona.
D. O. M. Deo optimo maximo.
Ibid. Ibidem.
Nª. Nota.
N. B. Nota bene.
P. C. Patres conſcripti.
P. S. Poſt ſcriptum.
Pſ. Pſalmus.
R. P. Res publica.
S. P. Q. R. Senatus Populuſque Romanus.
V. G. Verbi gratiâ.
℣. Verſus.
&c. Et cætera.

ã	ẽ	ĩ	õ	ũ	Dñs	Am̃
am	em	im	om	um	Dominus	Amen
an	en	in	on	un		

Q

Autre Table pour apprendre à connoître les Chiffres Arabes & Romains.

un	1	I.
deux	2	II.
trois	3	III.
quatre	4	IV.
cinq	5	V.
ſix	6	VI.
ſept	7	VII.
huit	8	VIII.
neuf	9	IX.
dix	10	X.
onze	11	XI.
douze	12	XII.
treize	13	XIII.
quatorze	14	XIV.
quinze	15	XV.
ſeize	16	XVI.
dix-ſept	17	XVII.
dix-huit	18	XVIII.
dix-neuf	19	XIX.
vingt	20	XX.
vingt-un	21	XXI.
vingt-deux	22	XXII.
vingt-trois	23	XXIII.
vingt-quatre	24	XXIV.
vingt-cinq	25	XXV.
vingt-ſix	26	XXVI.
vingt-ſept	27	XXVII.
vingt-huit	28	XXVIII.
vingt-neuf	29	XXIX.
trente	30	XXX.
trente-un	31	XXXI.
trente-deux	32	XXXII.
trente-trois	33	XXXIII.
trente-quatre	34	XXXIV.
trente-cinq	35	XXXV.

	Arabes.	*Romains.*
trente-ſix	36	XXXVI.
trente-ſept	37	XXXVII.
trente-huit	38	XXXVIII.
trente-neuf	39	XXXIX.
quarante	40	XL.
quarante-un	41	XLI.
qurante-deux	42	XLII.
quarante-trois	43	XLIII.
quarante-quatre	44	XLIV.
quarante-cinq	45	XLV.
quarante-ſix	46	XLVI.
quarante-ſept	47	XLVII.
quarante-huit	48	XLVIII.
quarante-neuf	49	XLIX.
cinquante	50	L.
cinquante-un	51	LI.
cinquante-deux	52	LII.
cinquante-trois	53	LIII.
cinquante-quatre	54	LIV.
cinquante-cinq	55	LV.
cinquante-ſix	56	LVI.
cinquante-ſept	57	LVII.
cinquante-huit	58	LVIII.
cinquante-neuf	59	LIX.
ſoixante	60	LX.
ſoixante-un	61	LXI.
ſoixante-deux	62	LXII.
ſoixante-trois	63	LXIII.
ſoixante-quatre	64	LXIV.
ſoixante-cinq	65	LXV.
ſoixante-ſix	66	LXVI.
ſoixante-ſept	67	LXVII.
ſoixante-huit	68	LXVIII.
ſoixante-neuf	69	LXIX.
ſoixante-dix	70	LXX.
ſoixante-onze	71	LXXI.
ſoixante-douze	72	LXXII.

	Arabes.	*Romains.*
ſoixante-treize	73	LXXIII.
ſoixante-quatorze	74	LXXIV.
ſoixante-quinze	75	LXXV.
ſoixante-ſeize	76	LXXVI.
ſoixante-dix-ſept	77	LXXVII.
ſoixante-dix-huit	78	LXXVIII.
ſoixante-dix-neuf	79	LXXIX.
quatre-vingt	80	LXXX.
quatre-vingt-un	81	LXXXI.
quatre-vingt-deux	82	LXXXII.
quatre-vingt-trois	83	LXXXIII.
quatre-vingt-quatre	84	LXXXIV.
quatre-vingt-cinq	85	LXXXV.
quatre-vingt-ſix	86	LXXXVI.
quatre-vingt-ſept	87	LXXXVII.
quatre-vingt-huit	88	LXXXVIII.
quatre-vingt-neuf	89	LXXXIX.
quatre-vingt-dix	90	XC.
quatre-vingt-onze	91	XCI.
quatre-vingt-douze	92	XCII.
quatre-vingt-treize	93	XCIII.
quatre-vingt-quatorze	94	XCIV.
quatre-vingt-quinze	95	XCV.
quatre-vingt-ſeize	96	XCVI.
quatre-vingt-dix-ſept	97	XCVII.
quatre-vingt-dix-huit	98	XCVIII.
quatre-vingt-dix-neuf	99	XCIX.
cent	100	C.
deux cents	200	CC.
trois cents	300	CCC.
quatre cents	400	CCCC.
cinq cents	500	D.
ſix cents	600	DC.
ſept cents	700	DCC.
huit cents	800	DCCC.
neuf cents	900	DCCCC.
mille	1000	M.
&c.	&c.	&c.

ERRATA.

PAGE 11, *lig.* 19, ſur leſquelles, *liſez*, leſquels.
Pag. 17, *lig.* 9, un bouſſu, *liſ.* un boſſu.
Pag. 56, *lig.* 12, acquiert, *liſ.* acquiere.

On ne regardera pas comme une faute, ou comme une innovation, l'accent circonflexe ſur l'*î* dans les mots *foîble*, *connoîſſance*, &c. parce qu'il n'a été ainſi placé qu'en faveur des Enfans.

APPROBATION.

J'AI lu, par ordre de Monseigneur le Garde des Sceaux, un Imprimé ayant pour titre: *le Quadrille des Enfans*, ainsi que les Additions & Corrections qui y ont été faites par M. *Alexandre*. Il m'a paru que les soins de l'Éditeur ne pouvoient qu'ajouter un nouveau prix à cette ingénieuse Méthode, dont le mérite est reconnu depuis long-temps. A Paris, le 23 Septembre 1783.

Signé, JUNKER, Censeur Royal.

PRIVILEGE DU ROI.

LOUIS, par la grace de Dieu, Roi de France & de Navarre: A nos amés & féaux Conseillers, les Gens tenans nos Cours de Parlement, Maîtres des Requêtes ordinaires de notre Hôtel, Grand-Conseil, Prévôt de Paris, Baillifs, Sénéchaux, leurs Lieutenans-Civils, & autres nos Justiciers qu'il appartiendra; SALUT: Notre amée la veuve BERTHAUD nous a fait exposer qu'elle désireroit faire imprimer & donner au Public *le Quadrille des Enfans, pour apprendre à lire, à l'usage des Enfans de Monseigneur le Duc de Chartres, par feu M.* BERTHAUD, *nouvelle Edition, revue, abrégée & perfectionnée;* s'il nous plaisoit lui accorder nos Lettres de Privilége à ce nécessaires: A CES CAUSES, voulant favorablement traiter l'Exposante, nous lui avons permis & permettons de faire imprimer ledit Ouvrage autant de fois que bon lui semblera, & de le vendre, faire vendre par-tout notre Royaume. Voulons qu'elle jouisse de l'effet du présent Privilége, pour elle & ses hoirs à perpétuité, pourvu qu'elle ne le rétrocede à personne; & si cependant elle jugeoit à propos d'en faire une cession, l'acte qui la contiendra sera enregistré en la Chambre Syndicale de Paris, à peine de nullité, tant du Privilege que de la cession, & alors par le fait seul de la cession enregistrée, la durée du présent Privilége sera réduite à celle de la vie de l'Exposante, ou à celle de dix années, à compter de ce jour, si l'Exposante décede avant l'expiration desdites dix années. Le tout conformément aux articles IV & V de l'Arrêt du Conseil du 30 Août 1777, portant Réglement sur la durée des Priviléges en Librairie. Faisons défenses à tous Imprimeurs, Libraires & autres personnes de quelque qualité & condition qu'elles soient, d'en introduire d'impression étrangere dans aucun lieu de notre obéissance; comme aussi d'imprimer ou faire imprimer, vendre, faire vendre, débiter ni contrefaire ledit Ouvrage, sous quelque prétexte que ce puisse être, sans la permission expresse & par écrit de ladite Exposante, ou de celui qui la représentera, à peine de saisie & de confiscation des Exemplaires contrefaits, de six mille livres d'amende, qui ne pourra être modérée, pour la premiere fois, de pareille amende & de déchéance d'état en cas de récidive, & de tous dépens, dommages & intérêts, conformément à l'Arrêt du Conseil du 30 Août 1777, concernant les contrefaçons. A la charge que ces présentes seront enregistrées tout au long sur le Registre de la Communauté des Imprimeurs & Libraires de Paris, dans trois mois de la date d'icelles; que l'impression dudit Ouvrage sera faite dans notre Royaume & non ailleurs, en bon papier & beaux caracteres, conformément aux Réglemens de la Librairie, à peine de déchéance du présent Privilege: qu'avant de l'exposer en vente, le Manuscrit qui aura servi de copie à l'impression dudit Ouvrage, sera remis dans le même état où l'Approbation y aura été donnée, ès mains de notre très-cher & féal Chevalier, Garde des Sceaux de France, le Sieur HUE DE MIROMENIL, Commandeur de nos Ordres; qu'il en sera ensuite remis deux exemplaires dans notre Bibliotheque publique, un dans celle de notre Château du Louvre, & un dans celle de notre très-cher & féal Chevalier, Chancelier de France le Sieur DE MAUPEOU, & un dans celle dudit Sieur HUE DE MIROMENIL. Le tout à peine de nullité des Présentes; du contenu desquelles vous mandons & enjoignons de faire jouir ladite Exposante & ses hoirs, pleinement & paisiblement, sans souffrir qu'il leur soit fait aucun trouble ou empêchement. Voulons que la copie des Présentes, qui sera imprimée tout au long au commencement ou à la fin dudit Ouvrage, soit tenue pour duement signifiée, & qu'aux copies collationnées par l'un de nos amés & féaux Conseillers-Secrétaires, foi soit ajoutée comme à l'original. Commandons au premier notre Huissier ou Sergent sur ce requis, de faire pour l'exécution d'icelles tous Actes requis & nécessaires, sans demander autre permission, & nonobstant clameur de Haro, Charte Normande, & Lettres à ce contraires. Car tel est notre plaisir. Donné à Paris le vingt-sixieme jour de Septembre, l'an de grace mil sept cent quatre-vingt-trois, & de notre Regne le dixieme. Par le Roi, en son Conseil.

Signé, LEBEGUE.

Registré sur le Registre de la Chambre Royale & Syndicale des Libraires & Imprimeurs de Paris. N°. 3021, fol. 945, conformément aux dispositions énoncées dans le présent Privilege, & à la charge de remettre à ladite Chambre les huit Exemplaires prescrits par l'article CVIII. du Réglement de 1723. A Paris, ce 26 Septembre 1783.

LE CLERC, Syndic.

De l'Imprimerie de P. D. COUTURIER, Quai des Augustins, près l'Eglise, au Coq.

I

2

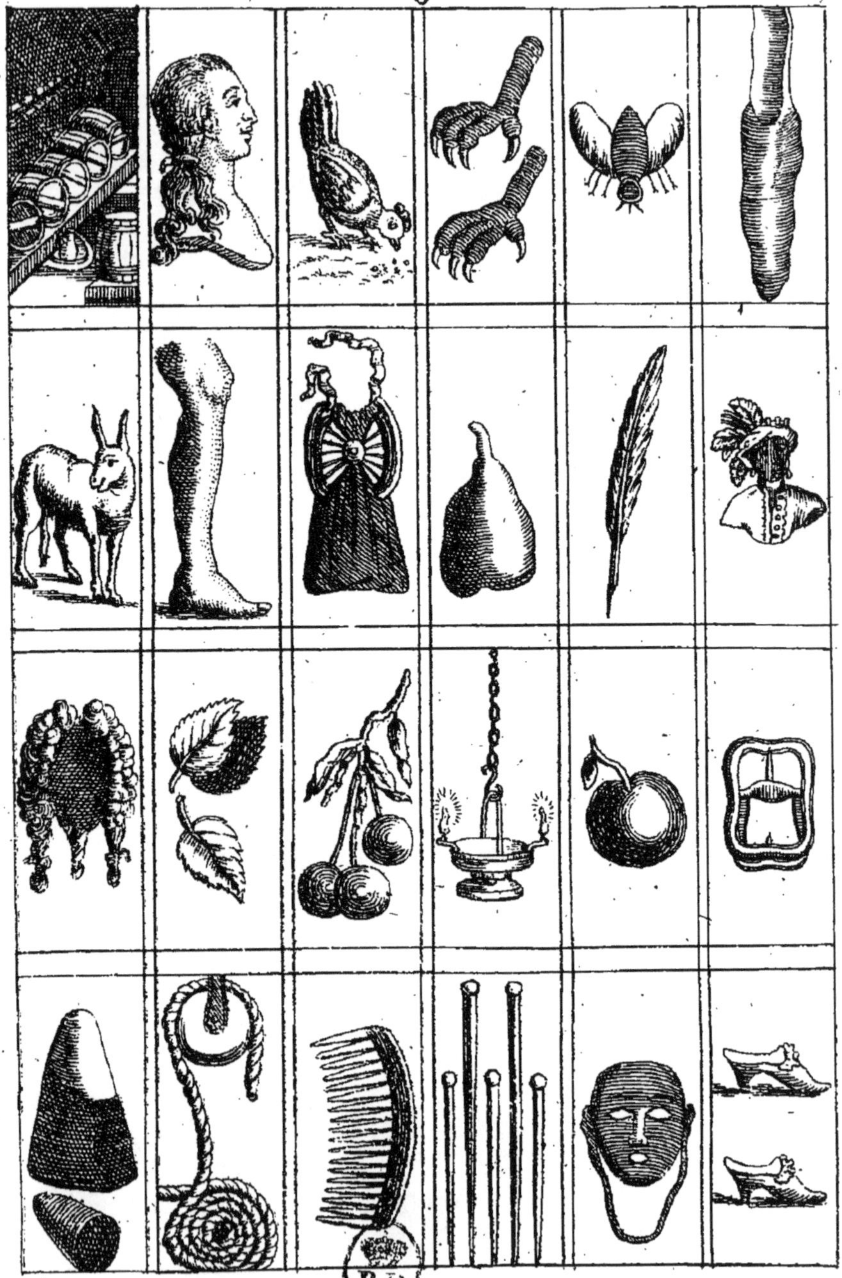

4

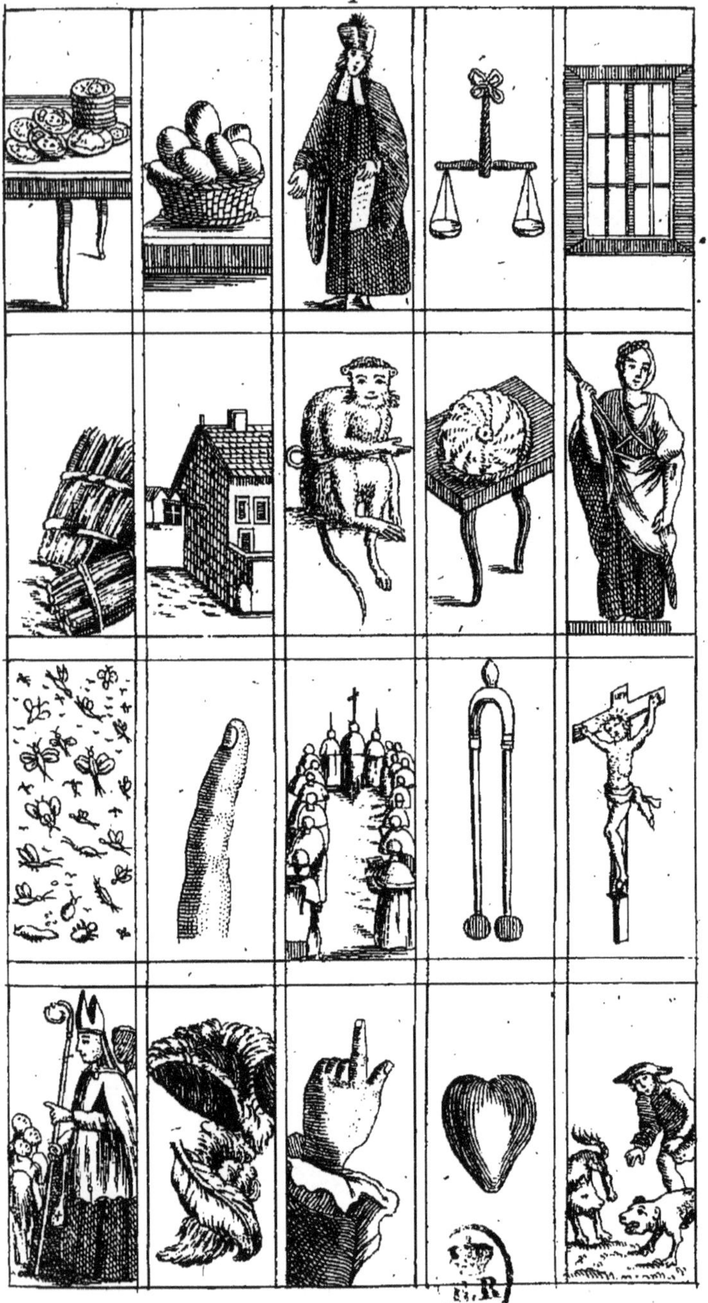

www.ingramcontent.com/pod-product-compliance
Lightning Source LLC
Chambersburg PA
CBHW060151100426
42744CB00007B/982
9782011869449